AF390243

LES OFFRANDES

A PRIAPE,

OU

LE BOUDOIR

DES GRISETTES;

Contes nouveaux & gaillards,

Ornés de jolies figures en taille-douce.

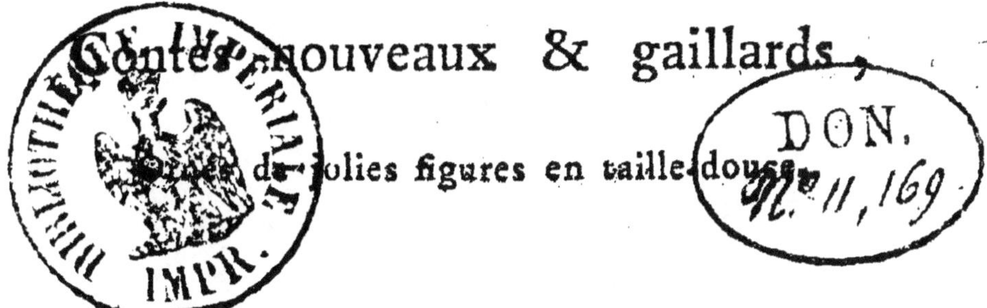

A CONCULIS.

1794.

LES OFFRANDES
A PRIAPE,

OU

LE BOUDOIR

DES GRISETTES.

DAMON URSULINE.

Auprés d'un couvent d'Urfulines
Demeuroit un bon garnement,
Qui, dans le jardin des béguines,
Voyoit de fon appartement.
Quoique fort jeune, il étoit riche,
Et de l'argent n'étoit pas chiche;
D'autant qu'il avoit le bonheur
D'avoir enterré pere & mere,
Et de plus d'être légataire
D'un fien parent, grand amaffeur;
Qui, s'endormant pour le grand fomme,
Légua fes écus au jeune homme.
Maître de fon bien & de foi,

A 2

Il vivoit , heureux comme un Roi :
Il étoit à la fleur de l'âge ,
Bien fait , affez beau de vifage ,
Et n'ayant de barbe au menton
Que comme en avoit Apollon.
D'ailleurs , vigoureux comme un diable ,
Et de plaifirs infatiable ;
Souvent au jardin des Nonains ,
A l'heure de la promenade ,
Fixant fes regards libertins ,
Il en recevoit mainte œillade ;
Une , fur-tout, l'avoit frappé ;
C'étoit une jeune beauté ,
Victime de l'atrocité
D'une mere injufte & cruelle ,
Qui n'ayant d'autre enfant qu'elle ,
Veuve , & fur le déclin des ans ,
En dépit de fes cheveux blancs ,
D'un jeune homme étoit amoureufe ;
Il eft mainte Religieufe
Qui n'ont d'autre vocation.
Un jour que , fans attention,
Sœur Luce avoit tourné la vue
Vers la fenêtre de Damon ,
Elle fe fentit toute émue ;
De fon côté notre luron
Sent glifler au fond de fon ame
Ardent defir , brûlante flâme.
A Sœur Luce il parle des yeux ;
Elle lui répond de fon mieux ;
Mais tout le fruit de ce langage ,
C'eft de s'enflammer davantage ,
Et d'irriter de vains defirs ;

Après quinze jours de soupirs ,
De mutuelle intelligence ,
De muette correspondance ,
Damon prend enfin le parti
De s'introduire au monastere
Au moyen du tour que voici :
Il feint de partir pour sa terre ,
Et de n'emmener qu'un valet ,
(Que comme on croit il intéresse)
Puis en demoiselle se met ,
Et Lafleur en vieille comtesse :
Toutes deux vont droit au couvent ,
Demandent madame l'abbesse ;
Lafleur lui donne force argent ,
Disant , je vous donne ma fille ,
Ayez-en soin. --- Elle est gentille ;
Vous voulez donc vivre avec nous ?
Dit en nazonnant la béguine.
--- Ah ! c'est mon espoir le plus doux !
--- Effet de la grace divine !
Venez , mon cœur.... Lafleur s'en va :
Et dès le jour même on donna
Le voile blanc à la novice ;
Le soir au sortir de l'office ,
On va promener au jardin ;
Feignant de craindre le serein ,
Damon , maintenant sœur roupette ,
Va s'asseoir avec sœur Lucette
Dessous un berceau de jasmin ,
Lui découvre son imposture :
On se fâche ; mais la nature
L'éclairant sur ses intérêts ,
On finit par signer la paix.

A 3

Enfin depuis cette journée,
Des doux plaisirs de l'hymenée,
Nos deux amans embéguinés
Jouissoient avec trop d'aisance,
Pour qu'ils ne fussent chagrinés
Par quelque misérable chance ;
Environ quinze jours avant
Que Damon entrât au couvent,
La vieille mere sacristine
Avoit surpris sœur Joséphine,
Qui, dans sa chambre, en tapinois,
Employoit le manche de bois
Du goupillon de leur église,
A.... ce qu'il n'est besoin qu'on dise.
La coupable fut en prison :
Et depuis ce tems la maison
Etoit encore scandalisée.
Un jour que la troupe voilée
Défiloit en sortant du chœur,
Damon se trouvoit en humeur ;
Et l'on voyoit sous la jaquette
De la masculine nonette,
Quelque chose qui relevoit :
Alte là , dit la sacristine ,
Qui l'une après l'autre observoit ;
Je tiens encore une mutine.
Sœur Roupette a le goupillon ;
Je le vois sous son cotillon.
--- Mon dieu non. --- Je ne suis pas dupe :
Allons, relevez votre jupe :
Elle la retrousse, & soudain
Se sent mouiller toute la main.
--- Voyez , encor plein d'eau benite....

Damon de se sauver bien vîte.
De gagner les murs du bosquet
Qui dans son jardin répondoit ;
Puis de rire de l'aventure,
Laissant les nones en posture ,
D'essuyer ce qu'il leur laissoit ,
Tandis que sœur Lucette jure
Du goupillon qu'il emportoit.

LA REMOULEUSE.

CErtain gagne-petit , jeune & taillé, ma foi,
Peut gagner gros , sur un cœur de fillette ,
S'en alloit dans un bourg , chantant la chan-
    sonnette.
On m'a dit qu'il étoit aussi content qu'un roi :
Je dis qu'il l'étoit plus : car, rouler la brouette,
Et conduire un état , ne font pas même emploi.
    On se lasse à force d'ouvrage.
    Mon gars bailla , puis dans un coin ,
    Ayant laissé son équipage ,
    S'en fut dormir vingt pas plus loin :
    Dos contre mur , poing sur visage
Lise vient à passer ; Lise eut toujours l'esprit
Vif, inquiet , folâtre & rusé : Lise rit ,
    Voit la brouette , s'en approche ,
    Prend ses ciseaux dans le fond de sa poche ,
Met un pied où l'on sait , range son cotillon ,
Et du sabot troué tire le goupillon.
L'eau tombe goutte à goutte , & les ciseaux de
    Lise

Rafant la meule en feu, s'aiguifent à fa guife,
C'eft-à-dire, affez mal. Pour furcroît de malheur,
Le cri du grais qui s'ufe, éveille le dormeur.
Il fe leve, il accourt : elle veut fuir & tombe.
Quand on a le pied pris, force eft que l'on
    fuccombe.
Life s'agite, hélas ! fans fe débarraffer.
  Telle on voit une pauvre Grive,
 Que par la patte, un fil vient d'enlacer,
  Se débattre & fe trémouffer,
  Sur-tout quand le chaffeur arrive.
Le remouleur demanda de l'argent.
  » Je n'en ai point, reprit la belle,
 » Et mon affaire en eft plus criminelle;
  » Mais, pour te payér autrement,
 » Prends-moi vîte un baifer comptant. «
Soit par timidité, foit plutôt par malice,
  Il lui jure d'un air novice,
  Qu'il n'en prendroit qu'un.... feulement.
Un ferment fi nouveau déplut à la bergere,
Qui dit, en lui donnant ce baifer de franc jeu:
  » Fripon, puifque tu prends fi peu,
» Je vais chercher encor les cifeaux de ma mere.

A QUELQUE CHOSE

MALHEUR EST BON.

DANS un hameau de D.... très-voisin,
Passoit gaillardement ses jours maître Jérôme ;
  Un peu paillard, à cela près bon homme.
  Une chaumiere, une vigne, un jardin,
Voilà son héritage, & de chaque semaine,
    Sans se donner beaucoup de peine,
    Il attrapoit gaîment la fin.
Il suivoit son penchant sans nulle défiance,
Des enfans d'Esculape il prisoit peu l'engeance,
Et très-bien s'en trouvoit ; casse, manne ou sené
Ne troubloient point chez lui l'ordre du déjeûné.
    Avec ce régime, mon rustre
    Entretenoit de belles dents ,
Qui paroissoient, quoiqu'au quinzieme lustre,
    Avoir bravé les injures du tems.
    Par une longue expérience,
    Il s'étoit fait très-grand renom
    D'esprit, de savoir, de prudence ;
    Tous les villages du canton
    Mettoient en lui leur confiance,
    Et préjugé passe science.
Sur un cas épineux, sur ceci, sur cela
    On alloit consulter notre homme :
Le Saint Pere n'est pas plus écouté dans Rome,
    Que Mons Jérôme l'étoit là.
    Il avoit su de sa rubrique

Si bien entêter ses voisins,
Que fillettes dans sa boutique ,
Sans le moindre scrupule , alloient tous les matins
Prendre avis du barbon pour entrer en ménage.
Enfin de tout ce tripotage
Le diable sut tirer profit ;
Car aux pauvres humains pour faire du dommage,
Le malin veille jour & nuit.
A son exemple aussi notre vieux drille
Guettoit toujours , & sous sa souguenille ,
Ses cheveux gris cachoient un verd galant,
De pucelages fort friand.
Entre quatorze & quinze il prenoit une fille ,
Vous la troussoit , & de fil en aiguille
La violoit sans dire quoi ,
Fût-elle , ou non , laide ou gentille ;
Pucelle lui falloit , de ces morceaux de roi ,
Si fille neuve l'est , & ne vois point pourquoi.
Je croirois au rebours que femme bien stylée
Plaît cent fois mieux en l'amoureux débat ,
Qu'une pauvre innocente assez mal enfilée
Pour la premiere fois ; car enfin on combat ,
On en fait du moins la grimace ;
Qui diroit le contraire auroit mauvaise grace ,
Ne seroit à mes yeux qu'un fat ,
Qui n'eût jamais tâté de cette chasse.
Pour moi qui suis amoureux comme un chat ,
J'aime mieux cu gentil , qui, battant la mesure ,
Tantôt leve , tantôt abat
Le vase de dame nature ,
Et de flots de plaisirs inonde le grabat ,
Que pucelle qui pleure , ou gémit , ou murmure,
Qui d'amour ne sachant ni le ton , ni l'allure ,

Au milieu du coït garde le célibat :
C'est-là mon goût, s'il faut que je le dise.
Mais revenons à notre barbe grise :
Des amans surannés le plus digne héros,
     Pour qui la Fillon à Paphos.
Eût jadis fait consacrer une église,
     Si de son tems il eût vécu,
     Et se fût fait une chemise
Des poils que Mons Jérôme eût cédés de son c...
On ne doit point dédaigner ce qui frise.
Lisez la fable, & verrez que jadis
     Les aragnés en travaillerent ;
     Je suis vrai dans ce que je dis.
Enfin, enfin, des chercheuses d'avis
     Chez Jerôme se présenterent ;
     Tant & tant par ses mains passerent,
Qu'à la fin les voisins en furent avertis ;
Dieu sait comment voisines en jaserent.
Telle à sa mere en pleurs contoit l'événement :
Telle à son Confesseur, telle autre à son amant;
Si bien qu'après avoir recueilli toutes choses,
Rassemblé tous les *si*, les *pourquoi*, les *com-*
          ment,
     On découvrit le pot aux roses.
Je vous laisse à penser quelle fut la rumeur
     D'un bout de ce village à l'autre ;
Chacun jettoit la pierre au bon Dévirgineur.
Notre fille l'est-elle ? Oui, comere. Et la vôtre
La mienne aussi vraiment : voilà le mal.
     Motus, point tant de bachanal,
Dit aussi-tôt le greffier du village ;
La hart lui dit ; dressons un bon procès-verbal ;
     Dès demain notre homme est en cage.

Mais comme il faut dans cette occasion
    Des pieces de conviction ,
    Au greffe envoyez-moi vos filles ;
Foi de greffier , j'en aurai très-grand soin :
Il nous faut sous la main les pieces au besoin.
L'endroit est bien armé de verroux & de grilles ,
    Ne craignez rien. Ah , mes amis !
Si l'on mettoit pareils dépôts au greffe ,
Je voudrois dès demain en être le commis.
Mais voilà bien du bruit : quel crime a-t-on
    commis ?
Pucelages croqués , on les ente , on les greffe ,
Car ils sont fruits , de plus , fruits de l'amour ,
    Puisque c'est l'amour qui les croque.
Si sur la qualité par hasard j'équivoque ,
    Que l'on me redresse à mon tour.
    O Vénus , c'est toi que j'invoque ,
    Toi qui pour nos plaisirs les fis ,
Jusqu'à celui de Marie Alacoque ,
Qu'on a classé parmi les rabougris ;
Sont-ils fleur , sont-ils fruit ? explique-moi la
    chose.
L'un le dit artichaut , l'autre le nomme rose :
Ah ! je l'appellerois un Dieu , lorsque j'y suis.
Mais je m'écarte. En vers ainsi qu'en prose ,
De ces riens au lecteur évitons les ennuis.
Bref , que devient Jerôme ? hélas ! on le dé-
    crete ,
    Et d'abord , sans perdre un moment ,
    Archers en campagne , on l'arrête ;
    On le juge , Dieu sait comment.
    Il en appelle au parlement ,
    Et le voilà déjà sur la sellette ,
                                        Fier

Fier comme un coq qui vient d'appaiſer ſon
    tourment,
    On l'interroge , on le confronte ;
Devant le ſanedrin de tout il fait l'aveu ,
Et ſur ſon front aucun ſigne de honte :
Ains au contraire , & le regard en feu ,
Au fond , meſſieurs , dit-il , ceçi doit être un jeu ;
Grace pour moi nature vous demande ;
Elle n'a point encor retiré ſon enjeu ;
Chaque jour à Vénus je porte mon offrande ,
Ou tout le jour je ſuis en déſarroi :
    Néceſſité n'a point de loi ,
    Sur-tout quand nature commande.
Malgré le poids des ans , elle eſt forte chez moi ;
Vous m'en parlez , & voilà que je bande.
    Vous-même dites-moi pourquoi ;
    Car nul objet ici ne m'affriande.
    Ah ! que la providence eſt grande !
    Pourquoi n'en puis-je faire autant ?
    Dit un vieux juge en marmotant.
Pour cette peccadille il faut donc qu'on le pende,
La loi le veut , nature ne veut pas ;
Depuis trente ans onc ne fus dans ce cas.
Je n'aime pas , dit-il tout haut , que l'on ré-
    pande
Le ſang humain , à moins que ce ne ſoit en
    blanc :
Hors de cour , cria-t-il.... Trouſſant ſa houpe-
    lande ,
Un jeune magiſtrat ſe leve de ſon banc ,
Et dit : Y penſez-vous , mes très-dignes confreres ?
Peut-on traiter ainſi de pareilles affaires ?
    Vous êtes par trop indulgens ;
B

(14)

Sur les vieillards qui dépucellent :
Que ferons-nous nous autres jeunes gens,
Si les barbons, à notre dam, s'en mêlent ?
Il est coupable, on l'a bien entendu ;
Pour crime tel point de miséricorde,
    Ipso facto, qu'il soit pendu ;
Sauf ensuite à revoir son procès. --- A la corde !
Dit Jerôme ; de moi s'il avoit dépendu....
Mais, de grace, voyez comment il est tendu.
    Ah ! que plutôt on me le torde ;
    Le jour que le ciel nous accorde,
Par où je le reçus, par-là l'aurai rendu.
Ah ! messeigneurs, voyez s'il mérite indulgence.
    Il retournoit si bien sa chance,
    Qu'hors de procès on l'auroit mis,
Sans les jeunes suppôts de la pauvre Thémis,
Qui pour la mort fit pencher la balance.
Aux arrêts du destin Jerôme enfin soumis,
Entre les mains des archers est remis,
    Et vers le gibet s'achemine,
    Toujours en l'air. Parens, amis,
    Fille, femme, voisin, voisine,
Tous pour le voir coururent au galop :
    Chacun disoit : Bonté divine !
Que n'avons-nous chez nous ce qu'il avoit de
    trop.
Pour avoir mis son bondon dans la bonde,
Chose bien naturelle, on alloit à la fin
    L'expédier pour l'autre monde.
    Dans cette nef si vagabonde,
Sais-tu, foible mortel, quel sera ton destin ?
Pendu ! tout le monde peut l'être,
Et l'honnête homme & le coquin ;

Cela dépend d'un faux témoin , d'un traître.
Jerôme eſt ſur l'échelle. Il s'éleve ſoudain
Parmi les aſſiſtans une rumeur ſi grande ,
Que l'on touche au moment d'une ſédition.
A haute voix tout le peuple demande
Que l'on faſſe ſurſeoir à l'exécution ;
    Et dans cette agitation ,
    Voilà mon bougre encor qui bande.
Femmes de conſeillers , femmes de préſidens ,
    En enrageant entre les dents ,
De n'avoir jamais vu chez elles tel prodige ,
    Et lui rendant hommage lige ,
Voulurent qu'à l'inſtant on écrivît en cour ;
Ce qui fut fait. L'affaire miſe au jour ,
Y fit encor plus de bruit qu'au village ;
    Et femmes du plus haut parage
S'intéreſſerent tant pour ce Dévirgineur ,
Qu'il eut ſa grace , & ſon nom en honneur
    Parmi toutes les connoiſſeuſes.
    Filles des champs , en vérité ,
    Diſoit l'une , ſont trop heureuſes.
Je jurerois qu'il n'a jamais raté ,
Diſoit l'autre. Il tiendroit de la divinité :
De ne jamais rater c'eſt la choſe impoſſible.
Quoi qu'il en ſoit , Jerôme eſt un homme terrible :
    David , Samſon , tous ces gens-là ,
Dont faſtueuſement les noms ornent la bible ,
Certainement ne valoient pas cela.
Oui , diſoit la ducheſſe , oui , ſi la providence
    Les eût conduit pour un inſtant ,
Comme Jerôme , aux pieds de la potence ,
Ils ſeroient tous rentrés dans le néant :
Et tout ce qui s'enſuit , reprit avec décence

B 2

Une vieille marquife. On en dit tant & tant,
Que de le voir chacune eut grande envie.
  On follicite , on fe cottife enfin ,
Sa grace part , notre homme eft en chemin ,
Arrive ayant en l'air l'inftrument de la vie.
Dieu fait comme on reçut un pareil Troubadour,
Et de fon flageolet quelle fut l'harmonie ,
  Jeune ou vieille , fraîche ou momie ,
La femme de commis , la foubrette de cour ,
  Tout voulut l'avoir à fon tour ,
  Et cela fans cérémonie ,
Comme on le voit à préfent chaque jour :
  Mais ce n'étoit pas pucelage ,
  Ains au contraire , direz-vous :
  Il devoit s'y perdre. Entre nous,
La crainte du gibet l'avoit rendu plus fage ;
  Et je vous dirois à mon tour ,
  Au village comme au village ,
  A la ville comme à la cour ,
  On ne parloit que de Jerôme :
D'un digne maréchal c'étoit le fecond tome.
Pareilles gens font rares aujourd'hui.
  Chez lui tout plut en abondance ,
Préfens , bon vin , grande bombance ;
Toujours en l'air , ou toujours dans l'étui.
Que de plaifir ! ah , que n'étois-je lui !
  J'en aurois pris très-bonne dofe.
  A ces muguets couleur de rofe
  On préféra notre barbon.
  Convenez donc qu'*à quelque chofe* ,
  Ami lecteur , *malheur eft bon.*

LE THÉOLOGIEN

CONFONDU PAR SON PERE.

Vouloir à tous propos condamner nos pen-
        chans ,
Par des citations de la fainte Ecriture ,
C'eſt fe mettre gratis l'eſprit à la torture ,
Et tirer , comme on dit , l'empeigne avec les
        dents.
    Un ſoir au coin du feu , cauſant avec ſon Pere ,
Certain abbé pimpant , frais moulu bachelier ,
S'imaginant l'inſtruire ou bien l'humilier ,
Avec force argumens en latin de bréviaire.
On fait qu'en pareil cas , raiſonner , c'eſt crier...
Pendant qu'ils diſputoient , l'on prétend que la
        mere ,
Toute ſeule en ſon lit paroiſſoit s'ennuyer.
»Ma foi , diſoit l'abbé , la choſe eſt pourtant
       »claire ,
»Dans le vieux teſtament , Dieu s'eſt mis en
       »colere ;
»Il a parlé ſouvent à ſon peuple chéri :
»Dans le nouveau , ſenſible à l'humaine miſere ,
»Il a pleuré vingt fois , mais il n'a jamais ri.
»Le rire en nous , n'eſt donc qu'une pure grimace,
»Qu'une convulſion , ſymbole de l'audace ,
»Dont on doit ſagement ſe priver ici bas ,
»Pour parvenir un jour au banquet des béats. «
Le pere à cet endroit , ſe levant de ſa place ,

Rit & s'en fut coucher , en lui difant tout net :
»Vous ne feriez pas là , mon petit preftolet ,
»Sans l'acte convulfif d'un tour de paffe-paffe ,
»Qu'il faut qu'avec la femme , ici bas l'homme
　　　　　　»faffe ,
»Et que le créateur n'a pourtant jamais fait. «

L'AVEUGLE,
LE SOURD ET LE MUET,
OU
LES TROIS COCUS.

PERRETTE étoit la femme de Pierrot ,
　　Jacquette étoit la femme à Jacques ,
　　Charlotte étoit la femme de Charlot ,
Ils furent tous les trois cocus la nuit de Pâques.
Tous les trois , il eft vrai , par un petit défaut ,
　　L'avoient bien mérité fans doute.
Charlot étoit muet ; Pierrot n'y voyoit goutte ,
Et Jacques pour fa part , étoit fourd comme un
　　　　　　pot.
Ils n'avoient tous les trois qu'une feule retraite ;
Ainfi donc chaque foir , dans la même cham-
　　　　　　brette ,
　　Trois lits de fangle , à la hâte dreffés ,
Rafraîchiffoient leurs corps , par le travail laffés :
Notez qu'ils fe couchoient volontiers fans chan-
　　　　　　delle :

Mais qu'importe après tout ?... Que diable !
Ils se couchoient.
Ils aimoient leurs moitiés , leurs moitiés les
aimoient.
A s'en convaincre on étoit bien fidele :
Mais le carême avoit interrompu leur zele ,
Et comme de raison , chaque femme espéroit ,
Que le *samedi saint* la décarêmeroit.
Au son des bourdons sourds qui vont frapper
les nues ,
L'*Alleluia* joyeux court déjà par les rues ,
Et les chantres , au teint fleuri ,
Ressuscitent en cœur le *Gloria Patri.*
On prétend que chaque comere ,
Avant la fin du jour , guettant la volupté ,
S'étoit mise en son lit , toute prête à bien faire.
Mais leurs maris pleins de malignité ,
Rentrerent ce soir là plus tard que d'ordinaire :
Ils se coucherent, comme on le sait , sans lumiere.
Or , par un quiproquo drôlement inventé ,
Pierrot s'en fut coucher dans le lit de Jacquette,
Charlot s'en fut coucher dans le lit de Perrette ,
Et Charlotte eut Jacques à son côté.
Notre *Trio* se fit fête complette.
Mais Jacquette toussant le lendemain matin ,
Pierrot tourne la tête , en lui répondant hein...
»O ciel ! *mon homme entend* , dit Jacquette
»étonnée ;
»Charlotte à qui Jacquot dit que sa flamme croît,
»De crier , *le mien parle*.... O ciel ! & *le mien*
voit ,
»Dit Perrette aussi-tôt , de frayeur consternée
D'un pareil quiproquo , si l'on fut interdit ,
C'est ce que le muet ne nous a jamais dit.

LE NOMBRE DE DEUX.

Dans les gouffres profonds que le repos lui
creufe,
J'allois précipiter ma mufe pareffeufe ,
Quand je fentis germer au fond de mon cerveau,
Le fujet fingulier d'un conte tout nouveau.
Je le joins aux effais de ce genre agréable ,
Que ma plume novice a tracés fur le fable ;
Et fi Chloé le lit une fois feulement ,
Je ceffe d'être auteur pour n'être plus qu'amant.
Voici pourtant le fait. On dit qu'à Varfovie ,
Exiftoit autrefois une femme jolie :
On l'appelloit Skilska : fon efprit fymétrique ,
Pour le nombre *de deux* , avoit un goût comique :
Deux corps de bâtimens compofoient fa maifon :
On y voyoit fur-tout un immenfe falon ,
Où le foleil fruftré d'une tierce fenêtre ,
Avec quelque raifon regrettoit de paroître :
Là deux riches fauteuils & deux lits de repos ,
Placés pour le befoin de la chair & des os ,
Sembloient fe promener & rouler dans le vuide.
Deux laquais bien toifés , au regard peu timide ,
L'y fervoient, ce dit-on, & tous deux à la fois ,
Ils la faifoient dîner foixante fois par mois.
Si l'un des deux laquais n'étoit pas des plus fages,
La dame à tous les deux leur fupprimoit leurs
gages ;
Et fi l'autre, à fon tour, méritoit un foufflet ,
Le premier, comme on penfe , auffi le recevoit.

Elle étoit, il est vrai, d'une beauté très-rare ;
Eût-on mille défauts, la beauté les répare.
On lui faisoit la cour, & ses galans soumis,
Deux à deux, tour à tour, chez elle étoient
   admis.
Lestouki seul, pourtant, parvenoit à lui plaire :
Tout-à-coup en Pologne on déclare la guerre ;
On s'acharne, on se bat, & Lestouki vainqueur,
A la belle Skirska vint rapporter son cœur,
Avec un bras de moins, c'est une bagatelle.
O malheur imprévu ! » Que voulez-vous, dit-
  »elle ,
»Généreux Lestouki, je vois malgré vos soins,
»Que vous avez ici quelque chose de moins ?
»Quand vous aviez deux bras, vous pouviez
   »vous attendre ,
»Que mon cœur vous payeroit du retour le plus
   »tendre ;
»Mais un mari manchot ne peut flatter mon
   »goût :
»Ayez deux bras, ou bien n'en ayez point du
   tout. «
Vous jugez qu'à ces mots Lestouki prit la fuite :
Il n'en fut pas fâché : celui qui vint ensuite,
Après deux jours entiers, eut la main de Skirska ;
On entend par la main, le cœur, & cætera.
Mais au bout de *deux* mois, cédant à ce génie,
Qui la portoit sans cesse au goût de symétrie,
Madame, sous les yeux de son mari jaloux,
Se choisit un galant, pour avoir *deux* époux.

IRIS ET SA BONNE.

»Oui, ma bonne, c'eſt inutile,
»A mon âge on n'apprend plus rien :
»Mangez, buvez & dormez bien,
»Du reſte laiſſez-moi tranquille. «
Ainſi parloit la jeune Iris,
A ſon antique gouvernante,
Qui, chaque jour, au tems précis,
Laſſoit ſon ame impatiente,
Par de longs & fades récits.
Tantôt c'étoit la *Barbe bleue*,
Tantôt *la Belle au bois dormant*,
Ou l'hiſtoire d'un revenant
Traînant avec grand bruit ſa queue.
Cet avis ne put retenir
La langue de l'Argus femelle.
»Mon enfant, pourquoi me punir
»D'une maniere auſſi cruelle ?
»Conter pour moi, c'eſt rajeunir ;
»Tiens, je me ſens même une envie ;
»Mais d'ailleurs, le trait eſt ſi beau !
»Va, ne crains pas que je t'ennuie,
»Et pour toi, s'il n'eſt pas nouveau,
»Je ne veux conter de ma vie. «
    Il étoit un jeune garçon,
Aimable, honnête & fait pour plaire :
On l'appelloit Endymion.
La lune, ſans plus de myſtere,
Deſcendoit par fois ſur la terre,

Et le trouvant fur le gazon ,
Lui prodiguoit avec tendreffe ,
Quelques baifers de fa façon :
Et jamais baifers de maîtreffe
N'ont été fi brûlans , dit-on.
Iris fourit avec fineffe :
»En ! quoi donc ! n'eft-ce que cela ?
»Oh ! je connois fort ce trait-là ;
»L'autre jour encor vers la brune ,
»Qu'on me croyoit à la maifon ,
»Sanival faifoit Endymion ,
»Et puis moi je faifois la lune. «

LA PREMIERE EMPLETTE

EN MÉNAGE.

CASSANDRE époufa l'autre jour
La jeune Guillemette :
Ne pouvant lui faire l'amour ,
Il lui fit mainte emplette.
»Voudrois-tu point un caraco
»De ce beau fatin rofe ?
Oui, lui dit-elle , mais tout beau ,
»Je veux bien autre chofe...
»A ce doigt l'anneau que voici ,
Va briller avec grace.
»Oui, mais je voudrois voir auffi ,
»Chaque chofe à fa place.
»Prends cette montre pour changer.
»J'y confens , mais j'ordonne ,

»Qu'à l'instant l'heure du berger
   »Dessous mes doigts y sonne.«
Le vieux Cassandre à cette fois,
   Ne pût aller contre :
Mais dès le soir même il fit choix
   D'un ami de rencontre.
Si jeunes que soient les maris,
   Quand femme est par trop tendre,
Ils doivent sur-tout à Paris,
   Faire comme Cassandre.
Médiateur toujours prudent,
   Entre l'homme, la femme,
Un ami sage est confident
   Des secrets de leur ame.
Et quand le mari se permet
   Quelque penchant volage,
Chacun sait, que c'est lui qui met
   La paix dans le ménage.

LA

LA SERVANTE
DU CURÉ.

UN certain curé de campagne
Avoit pour servante & compagne,
A la barbe des saints canons,
Fillette de dix-huit années,
Et porteuse de deux tetons,
Où l'on eût pu trouver l'étoffe
D'en faire quatre à bon marché.
Le prêtre n'étoit point fâché,
Quoiqu'il fût un peu philosophe,
De goûter le plaisir des yeux.
D'ailleurs, se conduisant au mieux,
Sage, décent, plein de prudence,
De bonne foi, sans conséquence ;
Et trouvant bien plus de raison
D'avoir toujours à la maison
Jeune fillette aimable & fraîche,
Gaie, active, & de bonne humeur,
Qu'un vieux laidron sec & revêche
Qui gronde, & vous fait mal au cœur :
Du reste, froid par caractere,
Tout rempli de son ministere,
Notre curé n'avoit jamais
Dit à Nanon sur ses attraits,
La plus équivoque parole.
Pourtant il avoit l'air d'un drôle
A pouvoir jouer un beau rôle

Avec fille de dix-huit ans.
Gros , court , rablé , les yeux perçans ,
Le nez long , forte chevelure ;
On l'eût pris à son encolure ,
Pour un vigoureux chevaucheur.
Mais il conservoit en son cœur
Un certain fond de retenue ,
Et n'y touchoit que de la vue.
Ce n'est le compte d'un tendron.
Aussi l'égrillarde Nanon
Souvent affectoit de paroître
En jupon court , en fin corset ,
La chemise fort entr'ouverte.
Mais tout cela ne le tentoit ,
Ou , du moins , il n'y paroissoit :
Si bien que ne pouvant mieux faire ,
Nanette pour se satisfaire ,
Et se soulager , employoit
Tantôt le manche du balai ,
Tantôt le reste d'un gros cierge :
Le tout , sans cesser d'être vierge :
Un certain jour de samedi ,
Vers l'heure environ de midi ,
Le curé va dire sa messe ,
Trouve Nanon qui balayoit ;
C'étoit l'usage , & la drôlesse
Adroitement s'en acquittoit.
Elle passe à la sacristie
Pendant la célébration ;
Et sans faire réflexion
Que bientôt la messe est finie ,
Ayant l'ame toute remplie
D'ardeur , & de lubriques feux ,

Dans son transport voluptueux,
Voilà la folle qui s'affuble
D'une étole & d'une chasuble,
Puis se trousse, puis sans façon
De la croix fourre le bâton,
Peu fait pour un tel ministere....
Dans certain endroit qu'il faut taire.
Pendant ce tems, le bon curé,
La messe dite, & tout baclé,
S'en revient à la sacristie ;
Et là, trouve notre étourdie
Au travail que je vous ai dit.
--- Dieu ! que vois-je ? serpent maudit !
Dit-il, en posant le calice.
Est-ce pour ce bel exercice
Qu'est fait le manche de la croix ?...
Au lieu de ce morceau de bois,
Vois, lorsque cela te démange,
Tiens, voilà, (montrant son anchois)
Ce qu'il te faut.... --- Ah ! mon bon ange !
Il est plus gros que le bâton !
Donnez vîte, que je le place.
--- Doucement.... attendez, Nanon ;
Après mon action de grace.

LA DÉLICATESSE

A LA MODE.

DEVANT une beauté peu rebelle à ses feux,
Alexis déclamoit un jour l'*Ode à Priape*.
Or, il la déclamoit du ton le plus nerveux.
La belle se fâcha, loin de mordre à la grappe :
» Fi donc, ces choses-là ne se disent jamais,
» Et je ne sais comment excuser votre audace. «
Alexis devina le motif du procès :
L'amour fut mis en jeu, l'amour obtint sa grace.
  Sexe charmant que Dieu créa,
  Pour égayer l'humaine race,
Point ne voulez qu'amant dise ces choses là ;
Mais jarniguoi, bien voulez qu'il les fasse.

LES BONNES RELIGIEUSES.

JADIS logeoit près d'un couvent femelle
Certain quidam, friand d'un tel gibier,
Et chaque nuit il voyoit sans chandelle,
Par l'huis secret entrer maint cordelier.
Si faut-il bien, dit-il, de cette porte
Tâter aussi. Pour ce, mit, une nuit,
L'habit claustral, & parmi la cohorte,
Dessous le froc fut d'abord introduit.
Or, il n'entroit qu'autant de béats peres

Qu'elles étoient de révérendes meres.
Fixe en étoit le nombre au rendez-vous.
Chacun trouvoit toujours même monture ,
Et là , par rang , ils se pourvoyoient tous.
Advint qu'enfin pere Bonaventure
Ne trouvant point de gîte : ouais ! qu'est ceci ,
   Dit-il ? Puis le long de la salle
S'en va tâtant , & trouva tout rempli.
Tout étoit double , & d'une ardeur égale ,
Tous travailloient en fils de saint François.
Alte-là , dit le moine , en élevant sa voix ,
Il est ici du mécompte , mes peres.
Mais de ce bruit nos moines peu distraits ,
Crierent tous , sans quitter leurs affaires ,
Allons toujours , nous compterons après.

LE DANGER

DE L'OISIVETÉ.

ZEMIRE est folle des moineaux ,
Comme eux sans doute elle est volage :
Elgé m'aimera mieux , je gage ,
Elgé nourrit deux tourtereaux ,
Nous réglons nos goûts à tout âge ,
Sur nos vertus ou nos défauts.
Frere Ignace étoit hypocrite ,
Et frere Ignace avoit un chat.
L'un & l'autre avoient le mérite
Et les graces de leur état ,
Mangeant beaucoup , dormant de même ,

Jurant un peu quand il falloit ,
Et ne fongeant guere au carême ,
Que le jour où Pâque arrivoit.
Le moine avoit le mot pour rire ;
Mais dans la peur d'être damné ,
Il fuyoit ce qui nous attire.
Le chat s'en fût auffi donné ,
Si de la palme du martyre ,
Il n'eût pas été couronné :
J'entends qu'on l'avoit condamné
A ne jamais fe reproduire.
En peu de tems ce chat mourut ,
Et frere Ignace vit en fonge....
Que vit-il ?.... Marchons droit au but ,
Car déjà le récit s'alonge.
Il vit des champs voluptueux ,
Où fe promenoient fans envie ,
Tous les animaux vertueux ,
Dont on nous a tracé la vie ,
Et dont ici les bienheureux
Ont fait leur fainte compagnie ,
Avant de monter dans les cieux.
Là grondoit de l'hermite Antoine
Le porc un peu luxurieux ,
De Balaam l'âne peureux
A quatre pas mangeoit l'avoine.
O mon Patron, il vit ton coq ,
Et le corbeau du grand Elie ,
Et le chien couchant de faint Roch ,
Avec la chienne de Tobie.
Plus loin marchoit d'un pas tardif
Du bon faint Luc le bœuf penfif :
»Holà ! lui dit le frere Ignace ,

»Mon chat doit être parmi vous.
»Répondez-moi , parlez de grace ,
»On doit l'avoir mis dans la claſſe
»Des prudens & ſages matous ,
»Qu'une grace plus efficace ,
»A préſervé du nom d'époux.
»Le bœuf répond : Parlez à l'âne :
»Le baudet dit : Que Dieu me damne ,
»Si ce mitis là m'eſt connu.
»Célibataire il a vécu ,
»D'après cela , monſieur , je gage ,
»Qu'en enfer il eſt deſcendu :
»Dans ce ſéjour plein de délices ,
»On n'entre point par chaſteté ;
»Frere Ignace , l'oiſiveté
»Eſt la mere de tous les vices. «
Ici le moine s'éveilla ,
Et ruminant dans ſa cervelle ,
Il prit ſa robe & s'en alla
Conter le tout chez Iſabelle.
On but enſemble , on s'embraſſa ,
Mais le nigaud , des plus novices ,
Prétendoit en demeurer là.
La belle à la fin ſe fâcha :
»Songez donc aux avis propices ,
»Que le baudet vous a diĉtés ,
»Songez à l'horreur des ſupplices ,
»Aux méchans là bas apprêtés.
»Vaut mieux encor homme à malices ,
»Qu'un ſaint benet trop hébêté ,
»Frere Ignace.... L'oiſiveté
»Eſt la mere de tous les vices.

LA PERRUQUE PERDUE.

LE plus grand point dans les récits,
C'est d'être clair, vif & concis.
A donc saurez que Marguerite,
Gente & svelte, bien que petite,
Tomba malade & fit le vœu
De se faire raser jusqu'au dernier cheveu,
En cas de guérison subite.
Elle guérit. On la rasa,
Et sa toison, grace au barbier Sambuque,
Pour le comte de la Caza,
Devint une énorme perruque.
Fatale vérité ! quand jeunesse s'en va,
Pour avoir trop chéri sexe qui nous reluque,
Nous faut encor porter ses cheveux sur la nuque !
Mais las à quelque tems de là,
Marguerite mourut & puis ressuscita,
A la requête de Marie,
Toute puissante auprès du Dieu qu'elle enfanta.
Comme elle étoit en train de reprendre la vie,
La perruque de la Caza,
De dessus son front chauve à bon droit déserta :
Parquoi sa vue en fut toute ébahie.
» Où va donc ma perruque ? holà, perruque,
holà !
» Reviens, reviens, attends donc, alte-là.
» Taisez-vous, dit quelqu'un, vos cris seront de
reste,
» Marguerite l'obtient par un arrêt céleste,

»Pour reprendre aujourd'hui ſes cheveux natu-
　　»rels....
»Morbleu , dit la Caza , mes frais ſont trop
　　réels ,
»Pour ne pas déteſter ce miracle funeſte...
»Et maugrebleu ! ſi l'on va ce train-là ,
　　»Pour les cheveux de Marguerite. «
　　Quel bacchanal ! quel brouhaha !
　　Quel tintamare ce ſera ,
S'il faut que chaque femme un beau jour reſſuſcite !

LE BAUME.

CERTAIN opérateur , au milieu d'une place ,
Monté ſur des tréteaux , exerçoit ſes talens :
　　Chacun ſait que la populace
Donne ſa confiance à ces ſortes de gens ,
Et que ſouvent une huîle , un métal , une écorce,
Aſſaiſonnés d'un tour ou d'adreſſe ou de force ,
　　Ont plus de valeur dans leurs mains
　　Que les remedes ſouverains.
Celui dont je vous parle étoit homme à grimace,
　　Fameux en tours de paſſe-paſſe ,
Et poſſédant ſur-tout , comme on le peut ſentir,
　　L'ingénieux art de mentir ,
　　Art utile à tout empyrique ,
　　Sinon , il doit fermer boutique ;
La vérité chez eux , loin d'être un gagne pain ,
　　Les expoſe à mourir de faim ;
Il faut , pour s'enrichir , ſavoir en faire croire :
　　Mais revenons à notre hiſtoire ,

Je vais la raconter fans y mettre du mien ;
Car pour vouloir trop dire , on ne dit fouvent
rien :
Quelle que foit une aventure ,
Il ne convient jamais d'altérer fa nature.
L'efculape avoit déjà fait
Plus de cent tours de gibeciere ,
Lorfqu'il vit du monde à fouhait
Pour faire valoir fa matiere.
Oh çà , meffieurs , dit-il , depuis affez long-tems
J'ai fafciné les yeux de tous les affiftans ,
J'ai fait voir ma magie & ma fubtile adreffe ,
Je vais prendre un fujet où chacun s'intéreffe ;
Je veux que vous jugiez de mon habileté
A vous conferver la fanté.
Auffi-tôt il ouvre fon coffre ,
En tire une bouteille , & l'offre
Aux bailleurs enthoufiafmés.
Tenez , dit-il , fi vous aimez
A jouir des biens de la vie ,
Et combattre l'effort de toute maladie ,
Voici le plus vaillant foldat
Que puiffe produire l'état.
C'eft un Baume dont l'origine
Nous vient des confins de la Chine ,
Pays où j'ai refté dix ans avec honneur ,
Sous le plaifir de l'Empereur.
Ce remede guérit la toux , la frénéfie ,
La goutte , le cancer & la paralyfie ,
Le tout en un clin-d'œil : je permets , fi je mens ,
Qu'on m'arrache à la fois & la langue & les
dents.
Mon Baume eft encor bon pour une meurtriffure,

Un coup de fer tranchant , ou toute autre blef-
    sure.
    Meffieurs , écoutez bien ceci ,
    C'eft mon éloge en raccourci.
Quand même vous auriez la cervelle offenfée ,
Une épaule démife , une jambe caffée ,
Quand vous feriez enfin percé de mille coups ,
    Avec mon Baume je m'en *fous*.
Ce difcours prononcé d'un ton d'habile maître ,
Fit pleuvoir à l'inftant des mouchoirs à foifon ,
Et notre opérateur vendroit encor peut-être
    Son Baume , ou plutôt fon poifon ,
Sans un vieux campagnard qui gâta le potage ,
En expliquant le mot qu'il avoit entendu.
Eh bien , meffieurs , dit-il , vous trouvez bon ,
    je gage ,
    Le Baume qu'on vous a vendu :
    Pour moi , qui prends tout à la lettre ,
    J'ofe affurer qu'il ne vaut rien ,
Et que fur une plaie on aura beau le mettre ,
    Il ne peut produire aucun bien.
N'avez-vous pas oui ce qu'a dit cet apôtre ,
Qui n'afpire qu'après mon argent & le vôtre ?
Quand nous ferions bleffés , tranchés , taillés ,
    meurtris ,
Quand de cent maux divers nos corps feroient
    pétris ,
Quand nous ferions couverts d'ulceres ,
    Ou criblés de mille canteres ,
Quand même enfin la mort nous poufferoit à bout,
    Moyennant fon Baume il s'en *fout*.
Qu'inférez-vous de-là , dit un de l'affemblée ,
    Sinon que cet homme eft parfait ,

Et que quelque mal que l'on ait ,
Son Baume l'enleve d'emblée ?
Hélas ! pauvre idiot , répondit le papa ,
Vous ne connoiſſez pas le drôle & ſon ſyſtême ;
Il ſe fout de vos maux par le Baume qu'il a ;
Quand il n'en auroit , il s'en foutroit de même.
Si l'on m'en croit , allons-nous-en ,
Notre argent vaut mieux que ſon Baume ,
C'eſt l'avis que vous donne un pauvre payſan ,
Homme par fois groſſier, mais toujours économe:
A ces mots chacun s'en alla ,
Surpris du bon Ruſtaud & de ſon éloquence ;
Notre baladin reſta là ,
En attendant meilleure chance.

LA BERGERE

DUPE DE SES APPAS.

PEnché ſur l'épaule d'Aglaure ,
Lubin contemple des appas ,
Qu'amour depuis peu fit éclorre ,
Et qu'Aglaure ne connoît pas.
Le deſir fait naître l'audace ,
Il voit un bouquet de jaſmin ,
Le traître l'ôte de ſa place ,
Et l'éparpille dans ſon ſein.
Puis il lui dit : » Ma bergerette ,
»Chaque fleur vaut bien un baiſer. «
Elle rougit , reſte muette ,
Et Lubin ſe met à compter.

Chaque

Chaque fleur, c'eſt ainſi qu'il compte,
Paſſe lentement par ſes doigts,
Tandis que ſa bouche plus prompte
Cueille deux baiſers à la fois.
Aglaure à demi renverſée,
Le long d'un gazon complaiſant,
Se trouve alors comme forcée
D'appercevoir ſon ſein naiſſant.
Mais l'innocence de ſon ame
Dupe ſes regards curieux,
Et le Dieu d'amour qui l'enflamme,
Confond les objets à ſes yeux.
» Quoi, dit-elle, tu te repoſes ?
» Prends encor deux baiſers, Lubin,
» Pour deux petits boutons de roſes,
» Que je vois parmi le jaſmin. «

LE GALANT MALADE.

UN jeune gars ſe confeſſoit un jour
D'avoir baiſé certaine bachelette.
Son confeſſeur l'arrêtant là tout court,
Lui dit : voyons comment cette choſette
Avez-vous fait ? Il eſt bon de ſavoir
Le cas entier, & que rien ne s'oublie ;
Plus on en dit, & plus le crime eſt noir.
Çà, la galante étoit-elle jolie ?
Jeune, ſans doute ? ... Elle a quinze au plus,
Lui répondit le Pénitent confus.
Pour la beauté, c'eſt choſe plus qu'humaine :
Son teint, c'eſt lys ; ſa bouche, c'eſt corail,

D

Et ſes dents ſont un double rang d'émail ;
Fermes tettons , & feſſes qu'avec peine
On peut pincer , enfin , un tout charmant...
Combien de fois ?.. Ah , je ne pus lui faire
Qu'un coup cela , dont j'ai le cœur dolent.
Un coup , ſans plus , dit le révérend Pere ?
Vous étiez donc malade , mon enfant ?

NABUCHODONOSOR.

CERTAIN Froquart, prêchant à des nonnettes,
Leur dit : mes ſœurs , Nabuchodonoſor,
Ainſi qu'il eſt écrit dans les prophetes ,
Pour avoir fait adorer le veau d'or ,
Se vit couvert , en guiſe d'une bête,
D'un gros poil noir , des pieds juſqu'à la tête.
Dès le ſoir même une jeune nonnain ,
Ayant porté je ne ſais où la main ,
Sentit du poil ; la pauvrette , étonnée ,
Montra l'endroit à la dame Renée.
Pour mon péché , diſoit-elle en pleurant ,
Dieu me punit comme ce roi méchant.
Eh ! vraiment oui , dit l'abbeſſe dévote ;
Mais tu n'en as que pour un véniel.
Alors trouſſant ſa chemiſe & ſa cotte :
Tiens , en voilà pour un péché mortel.

L'INCENDIE PERPÉTUEL.

LE monde à peine étoit hors du berceau,
Que le feu prit à l'isle de Cythere,
Parce qu'amour en planant sur la terre,
De préférence y jetta son flambeau :
Depuis ce jour à l'éteindre il s'occupe,
Mais ses efforts deviennent superflus :
Vénus en rit & d'un coin de sa juppe,
Quand son fils dort, le ranime encor plus.
Les habitans en font souvent malades,
Aussi les jeux avec précaution,
De toutes parts forment des barricades,
Pour obvier à l'émigration.
Et des desirs la troupe vagabonde,
Soir & matin s'empressant à courir,
De par l'amour oblige tout le monde
D'entrer dans l'isle & de la secourir.
Mais par malheur, je frémis quand j'y pense,
Tous les plaisirs, une pompe à la main,
Ont beau tarir la source de Jouvence,
Le feu mouillé n'en va que plus grand train.
C'est-là qu'on voit dans le milieu des flammes,
Cent cordeliers aussi fermes qu'un roc,
Qui pour sauver des corps & non des ames,
Avec des fleurs ont retroussé leur froc.
C'est-là qu'on voit des guerriers secourables,
Et nuit & jour signaler leur valeur,
En remplaçant des maris incapables
De résister contre tant de chaleur.

Dans la maison de la belle Nicole,
Je viens, je crois, de l'amortir un peu,
Mais je l'entends déja crier.... au feu !
Ami lecteur, je te quitte & j'y vole.

LE REPROCHE PATERNEL.

LE grand Colin conduisoit une nuit,
Devers sa chambre une fille dodue,
Quand tout d'un coup son pere, oyant du bruit,
Donc le barbon sur le tendron se rue,
Accourt : Colin se sauve en mi la rue.
Si qu'il en prend plus que sa bonne part.
Le lendemain, le suranné paillard,
Tança son fils, & lui fit laide chere.
Le train, dit-il, que tu menes, pendard,
Fera bientôt mourir ton pauvre pere.

LE COCU.

CERTAIN mari, grand babillard,
Et voilà tout, contoit à sa femelle
De ses galans exploits la longue kyrielle.
J'étois, lui disoit-il, autrefois un gaillard,
   Je voltigeois de belle en belle.
   Il n'est, ma foi, point de quartier
Où l'on ne parle encor des tours de mon métier.
Les maris avoient beau faire la sentinelle,
Trente que tu connois ont passé le guichet.
   J'escamotois une donzelle,

Je la prenois au trébuchet ,
Comme un moineau. J'allois enfin de forte ,
Qu'il n'en eft prefque point aujourd'hui qui ce
      porte
  Un panache de ma façon.
Vois-tu ? J'étois un vigoureux garçon.
Ah ! mon mari , lui répond l'innocente ,
Des cocus de ton fait tu comptes plus de trente ?
    Il faut à ce jeu fi commun ,
    Que je ne fois pas bien favante ;
Car pour moi je n'en compte qu'un.

LE BEGUE.

UN begue vouloit d'une dame
Les bonnes graces acquérir ,
Et lui prouver l'ardente flâme
Dont l'amour le faifoit mourir.
Etant au bout de fa harangue ,
Ne pouvant plus mouvoir la langue ,
Il eut recours à fon outil ;
Puis le montrant & des yeux & du gefte :
Madame , excufez-moi , dit-il ,
Le porteur vous dira le refte.

LES MURES.

LA pudeur loge au fond de l'ame.
Mais quand l'amour qui la pourſuit,
Dans ſon ſéjour porte la flâme,
Sur le viſage elle s'enfuit.
De-là ce rouge involontaire,
Qui dans un ſiecle plus auſtere,
Prenoit à tous les paſſagers
Prête à s'embarquer pour Cythere ,
Et qui ne prend plus qu'aux bergers.
　Un jour Alexis & Corine ,
Derriere un buiſſon s'embraſſoient.
Derriere un buiſſon ! l'on devine,
Qu'en s'embraſſant ils rougiſſoient :
La fille dit : » ſoyons plus ſages,
»Et ſans me cueillir de baiſers,
»A cueillir ces mûres ſauvages ,
»Alexis daigne t'amuſer. «
Soudain , victimes de ſa trame,
Ces fruits vermeils tombent par cent.
Ils en mangent tant & tant ,
Que de l'infortuné Pyrame ,
Sur leur viſage on voit le ſang.
Alexis auſſi-tôt s'enflâme ,
Et redevient plus careſſant.
»Va, va ,je veux bien que tu joues, «
Reprend Corine , ici tous les jours faut venir ,
En nous preſſant des mûres ſur les joues ,
　Nous ne nous verrons plus rougir.

LA SERVANTE

A CONFESSE.

MARGOT, un jour, aux pieds d'un directeur,
La larme à l'œil, le chagrin dans le cœur,
Se confessoit que, par une habitude
Qui lui donnoit beaucoup d'inquiétude,
Sa main avoit, contre toute raison,
Pris la guiguit du fils de la maison.
Ce péché-là, lui répondit le pere,
Peut être grand : allons, soyez sincere ;
Quel âge a donc l'enfant dont il est cas ?
Cinq ans ?.. Oh plus.. Dix ?.. encor... quinze ?...
      Hélas !
Il en a vingt, peut-être davantage.
Comment, vingt ans ? par saint François, j'en-
      rage :
C'est donc ainsi que, pour vous excufer,
Vous prétendez ici m'en impofer.
Pour cette fois ma bonté vous dégage ;
Mais déformais, apprenez qu'à cet âge,
Cet inftrument que vous nommez *guiguit*,
Sur ma parole, eft un bel & bon Vit.

L'APOTHÉOSE

DU PUCELAGE.

PRÉS d'un bois solitaire & sombre ,
Réduit inhabité , que voit peu l'œil du jour ,
Beau lieu que la nature a formé pour l'amour ,
Mais qu'un devoir austere a su cacher dans
   l'ombre ,
On découvre un palais , où le ciel envieux ,
Déposant le trésor dont il forma le monde ,
De l'astre qui nous luit mit la source féconde ,
  Pour la dérober à nos yeux.
C'est-là que Prométhée alla puiser ses flâmes.
  Dont le souffle anima nos ames.
C'est-là que l'homme ambitieux
Se reproduit lui-même en une vive image ,
  Et communique d'âge en âge
  Un pouvoir égal aux Dieux.
Dans ce palais charmant loge un monstre impla-
  cable ,
  Phœnix ennemi des mortels ,
Phœnix dont la défaite offre un laurier aimable
Au héros fortuné qui brise ses autels.
La raison , le devoir , le préjugé timide ,
  Tiennent sur lui les yeux ouverts ;
Dans tous ses mouvemens la pudeur est son guide,
  Et le fait gémir dans les fers.
  Vers une conquête si douce ,
  Un penchant inconnu nous pousse;

Nous soupirons , nous avons des desirs ,
   Avant que de pouvoir connoître
   Quel objet en nous les fait naître.
Et quel est ce Phœnix ? l'écueil de nos plaisirs.
   L'amour ardent à sa poursuite ,
Déjà plus d'une fois l'avoit su mettre en fuite ,
   Et de cet ennemi vanté
Le seul nom aux mortels sembloit être resté.
Mais Iris vint au monde , & si sage & si belle ,
   Que notre phœnix égaré ,
Avec toute sa cour vint se sauver chez elle ,
   Comme en un asyle assuré.
Bientôt l'amour en conçoit des alarmes :
C'est en vain qu'il emploie & ses traits & ses
      charmes ,
  A force ouverte il ne peut l'ébranler.
   Contraint donc à dissimuler ,
Sous les traits de l'hymen il cache son visage ;
Il joint au sang des dieux les trésors de Plutus ;
   De richesses & de vertus ,
   Il forme un brillant assemblage.
Il se présente alors aux portes du palais.
La pudeur effrayée en dispute l'accès.
Inutiles efforts ! la raison la fait taire :
Séduite par l'éclat qui vient frapper ses yeux ,
La raison elle-même ouvre son sanctuaire.
   L'hymen entre victorieux ,
Et redevient l'amour. Son ardeur se ranime ;
De cent coups redoublés il perce la victime.
Le sang coule , elle expire. Iris avec douleur
Voit périr le vaincu , mais pardonne au vainqueur.
   Comme un présent parfait & rare ,
   Mercure le transporte aux Cieux.

C'eſt le mien, dit Vénus. Prenez, dirent les dieux;
Mais d'un bien retrouvé devenez plus avare.
Jouiſſez des plaiſirs qui ſuivent ſon trépas,
O vous , à qui l'on vient de cueillir cette roſe :
    Votre ſexe n'en goûte pas ,
Qu'il n'ait donné matiere à cette apothéoſe.
Ne croyez pourtant pas, Iris, perdre un tréſor:
Si Vénus a voulu qu'on lui remît ce gage,
C'eſt moins pour le plaiſir de l'avoir en partage ,
    Que pour celui de le reprendre encor.

LE POELE DE FONTE.

LA jeune & charmante Angélique
Avoit fait l'acquiſition
D'un grand poële bien antique.
O muſe! le lecteur comique
S'attend à la deſcription
Et du poële & d'Angélique.
Mais laiſſe-lui compter les lys
Et les roſes de cette belle ,
Qui ſeule eût ſervi de modele
A la Vénus de Médicis ,
Puiſque nos modernes Zeuxis
Auroient pu reconnoître en elle
Le bras d'Eglé , le pied d'Iris ,
Le ſein palpitant d'Iſabelle ,
Les reins potelés de Philis ,
Et l'œil de madame une telle....
Angélique eſt un buſte exquis.
Mais j'aime mieux que tu nous traces

Le fidele & plaifant croquis
De fon poële à quatre faces.
Eh bien ! fuis-moi lecteur falot :
　　Vois d'abord Abraham à droite ,
Qui met fon fils fur un fagot ,
Par une obéiffance étroite ,
A gauche étendu fur le dos ,
Saint Laurent , que le feu concentre ,
Semble crier à fes bourreaux ,
Qu'il a les reins cuits à propos ,
Et qn'on le tourne fur le ventre.
Derriere on apperçoit les cieux ,
D'où partent des torrens de feux
Sur les habitans de Sodome ,
Qui , parmi la fumée en dôme ,
Rendent tous l'ame deux à deux.
Sur le devant l'année expreffe ,
Où ce poële fut nouveau ,
S'annonce par un qui preffe ,
Un fix fuivi de deux *zéros*.
Notez ceci : car il importe
De remarquer que *mil fix cents*
En chiffres , à l'œil du paffant ,
Sautoient au-deffus de la porte.
J'entends d'ici maint écolier ,
Traiter ces vers de pures glofes ,
Mais il ne doit pas oublier ,
Qu'Enée avoit un bouclier
Où l'on voyoit bien plus de chofes :
Treve à ces *à parte* divers ,
Et voyons comment Angélique
Trompoit la rigueur des hyvers ,
Devant ce poële gothique.

A la faveur de deux verroux,
La donzelle se faisoit fête
De se chauffer ... le dirons-nous ?
Les antipodes de la tête,
Ou bien le cul.... Mais voyez-vous,
Ce dernier mot est malhonnête.
Un beau matin qu'elle pensoit
Avoir clos l'huis de sa chambrette,
Et que Vulcain la caressoit
In partibus, entre Perrette....
Angélique de reculer,
Moitié de peur, moitié de honte,
Et conséquemment de coller
Son *fémur* à nud sur la fonte....
Lecteur, verras-tu sans frémir,
La trace rouge & meurtriere
Des chiffres qui sembloient gémir,
En numérotant son derriere ?
Angélique a fait un grand cri :
Perrette court épouvantée
Chez un confrere de Lorry, (1)
Dont la science est moins vantée,
Un qu'il a quelquefois guéri,
Chez Angélique il se transporte,
Avec robe & bonnet quarré.
Mais las ! Perrette envain l'exhorte
A lui montrer son cul timbré :
»La pudeur, dit-elle, est permise,

____

(1) Célebre médecin de Paris, à qui sans
doute l'auteur avoit à reprocher de n'avoir pas
sauvé la vie à quelqu'un des siens.

»J'ai

»J'ai mal, & fi l'on veut voir où,
»Je crois, monfieur, qu'à ma chemife
»Il fuffira de faire un trou.
»Nenni, nenni, dit à la belle,
»Notre efculape tout en feu,
»A la pudeur foyez rebelle :
»Car je n'y vois pas pour fi peu,
»Et je prends même une chandelle,
»Quand on veut me cacher fon jeu. «
Angélique toute éperdue
De l'arrêt lafcif du fripon,
Rougit vingt fois, baiffe la vue,
Et ne leve encor qu'un jupon.
Il faut lui paffer ces foibleffes,
Le fexe plein de chafteté
N'aime point à montrer fes feffes
Quand c'eft pure néceffité.
Enfin, après bien des fuppliques
Du plus heureux des empyriques,
Angélique en fe lamantant,
Découvre à fes regards lubriques
Un cul daté de *mil fix cents.*
»La plaie eft d'un heureux préfage,
»Reprend l'efculape étonné,
»Mais qui diable eût imaginé
»Que d'un auffi joli vifage,
»Un fi beau cul feroit l'aîné ?
»Moi, tout mon corps eft du même âge. «

———

LE GALANT
DE BONNE FOI.

Vous m'honorez beaucoup de songer à ma fille,
Dit un jour Araminte au volage Tircis,
Je vois que vous l'aimez, & la trouvez gentille ;
    Mais pour me guérir des soucis,
    Que causent toujours certains bruits
    Du voisinage qui babille ,
    Sur-tout dans ce quartier maudit ,
Dites-moi sur quel pied vous lui rendez visite ?
    Sur quel pied , répond l'hypocrite ,
    Madame , sur le pied du lit.

L'ÉCREVISSE.

CERTAIN abbé des plus coquets,
Grand fabricateur de poulets,
Fameux papillon de ruelles,
En contant à toutes les belles,
Contre l'esprit de son état
Vouloit jouir avec éclat ;
Et loin de garder le myftere
Sur les faveurs qu'il recevoit,
Plus fanfaron qu'un militaire,
A tout venant les racontoit.
C'eft mal faire fa cour aux dames.
Sur fon compte avoir un amant,
N'eft point un crime chez les femmes ;
On double même affez fouvent ;
Mais outre que la bienféance
Exige d'eux plus de prudence,
Un abbé n'eft pas un galant
Qu'on puiffe avouer décemment.
Il eft des chofes d'étiquette,
Et la femme la plus coquette
Se targuera d'un officier,
Ou, pour l'argent d'un financier,
Qui fe croiroit déshonorée
D'être la maîtreffe avouée
D'un robin, ou bien d'un abbé ;
Ce n'eft pas que leur accointance
Soit moins dangereufe à l'époux ;
Mais ce font comme des joujoux,

Qu'on a chez foi fans conféquence ;
Des hors-d'œuvre de jouiffance.
Celui dont je vous ai parlé
Tout plein de fon petit mérite,
Le premier jour qu'il voit Mélite,
Se perfuade en être aimé.
Mélite étoit de ces coquettes,
Qui n'aiment rien précifément,
Qui fe font un amufement
De multiplier leurs conquêtes
Moins encor par tempérament,
Que pour faire tourner des têtes.
C'étoit, à parler nettement,
Une folle des plus complettes.
Elle apprend donc le lendemain
Que l'indifcret abbé Poupin
S'étoit vanté d'être aimé d'elle ;
Soudain la maligne femelle
Réfout de venger fon honneur
Et de corriger le hableur.
En fait de rufe & de malice,
Jamais femme ne fut novice.
Mélite en tenoit magafin ;
C'étoit un démon feminin.
Elle écrit donc au petit-maître,
Que du moment qu'elle l'a vu,
Dans fon ame elle a fenti naître
Un feu fubit ; & que pourvu
Qu'il promette d'être fidele,
Il pourra tout obtenir d'elle ;
Lui donnant même rendez-vous
Le lendemain, fur les neuf heures.
L'abbé reçoit le billet doux,

Le serre dans son livre d'heures,
Et ne manque pas tout le soir
De le lire à qui veut le voir.
Le lendemain, l'heure arrivée,
Plus ajusté qu'une épousée,
Il vient, on ouvre, on l'introduit
Chez madame, qui sur son lit
Langoureusement étendue,
L'œil agaçant, à demi-nue,
Joua d'abord la retenue,
Et puis feignant de succomber,
Laissa le galant approcher
De la fontaine de Jouvence ;
C'est-là qu'une cruelle chance
Attend son misérable engin.
A l'orifice du vagin,
Mélite avoit eu la malice
De mettre une grosse écrevisse
Qu'entre ses doigts elle tenoit ;
Et sitôt que le Prestolet
Fut prêt d'entrer au sanctuaire,
La diablesse lâche une serre,
Puis l'autre ; si bien que l'abbé
Dans l'instant se trouva pincé
D'une vigoureuse maniere ;
Il pousse des cris douloureux,
Se sauve, court, jure, s'agite.
Bon dieu ! dit en riant Mélite,
J'ai peur ; cet homme est furieux ;
Accourez, mes bonnes amies.
Déjà cinq ou six dégourdies,
Qui dans le prochain cabinet
N'attendoient que le mot du guet,

Sont à l'entour du pauvre drille ,
Qui demande d'un air penaut
Qu'on ait pitié de sa guenille ;
Enfin avec de bons ciseaux
On coupa les pattes du cancre ;
Et l'abbé cachant sa fureur
Et son pénil noir comme l'encre ,
Leur fit serment de très-grand cœur ,
Et sans leur demander son reste ,
D'être à l'avenir plus modeste ,
De tenir ses amours secrets ,
Et sur-tout , de n'aller jamais
Vaquer au galant exercice
Sous le signe de l'écrevisse.

L'ARRACHEUR

DE DENTS.

Une belle dame , à Paris ,
Où chaque femme a cent maris ,
Disoit un jour à son mari fidele
Qu'elle sentoit une douleur cruelle ,
Que les dents lui faisoient un mal
Qui n'avoit jamais eu d'égal ;
Et le prioit qu'il envoyât sur l'heure
Chercher un arracheur de dents :
Elle lui dit son nom & sa demeure ;
Mais qu'il vînt aussi-tôt la voir , sans perdre tems.
L'époux y va lui-même , & l'amene à sa femme ,
Qui se plaignoit toujours. Il dit à l'arracheur :

Faites votre métier. Je vous laiſſe madame ,
Je ne ſaurois lui voir ſouffrir tant de douleur.
    Si tôt que le mari fidele
Eut laiſſé l'arracheur ſeul avec cette belle ,
Cet amant déguiſé la jetta ſur le lit ,
    Et dans un amoureux déduit ,
    Tout plein d'amour & de courage ,
    Il lui fit paſſer toute rage.
Un enfant curieux les vit en cet état ,
    Par la chatiere de la porte ,
    Et remarqua de quelle ſorte
    Avoit fini ce doux combat.
    Le mari revient & demande
Si ſa femme a ſouffert une douleur bien grande?
    Ce petit enfant curieux
Lui répond en pleurant & frottant ſes deux yeux :
Papa , j'ai vu comment la choſe s'eſt paſſée ,
Ce méchant arracheur vient de tirer , hélas !
(A maman , ah ! peut-on en ſouffrir la penſée !)
Du derriere une dent plus longue que mon bras.
Les enfants bien ſouvent en de pareilles choſes ,
    Ont découvert le pot aux roſes.

LE CHANOINE
GALANT.

Disciple aimable d'Auguſtin,
Qui dans ſon tems fut très-aimable,
Un gros chanoine libertin,
Avec une brune adorable,
Eut un commerce clandeſtin,
Et ſi, ſe crut fort excuſable,
Donnant à Dieu tout le matin,
De donner la ſoirée au diable.
» Eſt-ce là cette chaſteté
» Que votre regle vous commande, «
Lui dit, ſon évêque irrité,
En maniere de réprimande ?
Le chanoine, d'un ton hautain,
Lui répartit : » Croyez, mon maître,
» Que je ſais mon ſaint Auguſtin
» Autant que vous, & mieux peut-être :
» Ce que ſa morale défend,
» Sa vie entre nous l'autoriſe,
» Car il fut pere d'un enfant
» Avant de l'être de l'égliſe. «

LES NOIX,

CONTE MAROTIQUE.

GEntil Colin , paſtoureau tout jeunet ,
Et gente Alix , paſtourelle jeunette ,
Enſemble aſſis au coin d'un jardinet ,
Deſſous gazon planterent noix ſeulette ,
Par chaque jour couple icelui venoit
Au dit endroit , pour voir noix grandelette ;
Mais las ! noyer ici poignoit ſous l'herbette
Qu'amour chez eux pas encor ne poignoit ,
Tels rendez-vous , à part-moi , leur regrette.
Advint pourtant que par deſtin heureux ,
Pour un long tems Colin quitta village ,
Et que revint de noyer deſireux ,
Mais bien d'Alix deſireux davantage.
Or donc à point la trouva qui rêvoit ,
Deſſous noyer dont étoit grand feuillage.
   Alix ſourit voyant léger duvet ,
Qui de Colin embelliſſoit viſage.
En diviſant s'aſſirent tour à tour :
Noyer touffu les garantit peut-être ?
Des feux lancés ès mains du Dieu du jour ,
Mais non des feux que lançoit Dieu plus traître.
Car ſans mentir mouroient tous deux d'amour ,
Deſſous noyer qu'avoient tous deux fait naître.
Alix lui dit : voudrois nid d'oiſelets.
Sur le noyer Colin entre deux branches ,
Saiſit corbeau pouſſant cris aigrelets ,

Et de long bec lui tirant courtes manches.
Quand fut en bas, Colin deſira noix,
A celle fin qu'Alix moult complaiſante,
Pour empêcher que ne montât deux fois,
Sur l'arbre auſſi courût riſque d'amante :
Beau lui fut voir ſvelte Alix y monter,
Mais le ſavez, ce n'eſt tout de noix prendre,
Et comme en bas noix falloit apporter,
Beau lui fut voir ſvelte Alix en deſcendre.
Pied lui faillit, ſi que tomba, pourquoi
Et nid & noix prirent échec extrême.
Alix de rire en diſant : » Toi que j'aime,
» Tout eſt au diable & ſuis ſeulette à toi.«
Colin reprit : » Te chéris tant, bergere,
» Que ſans témoins veux ici te donner
» Tant de baiſers, que ſont noix là parterre ;
» Ta chûte ainſi pourras me pardonner.«
Alix rougit, de rougeur qui décore,
Puis au noyer ſus grimpe en tapinois,
Peur que Colin ne comptât trop de noix ;
Je faux : c'étoit pour en abattre encore.

LA BANLANÇOIRE.

IL n'eſt point de jeux innocens,
    Fût-ce même au village,
Dès qu'on badine avec les ſens,
    La vertu déménage.
J'en ai pour preuve en ce moment
    L'hiſtoire de Roſine,
Qui ſe balançoit fréquemment
    Dans la forêt voiſine.
Colas un jour s'étoit niché
    Tout au haut d'un des chênes
Où Roſine avoit attaché
    Ses vagabondes chaînes.
Et là mon drôle entrevoyoit
    Certaines graces nues ,
Qu'en ſoulevant , elle croyoit
    Ne dévoiler qu'aux nues :
»Amour , dit-il alors tout bas ,
    »J'ai beſoin de ton aide :
»Du mal que me font tant d'appas ,
    »Donnes-moi le remede.
»Pour lorgner tout , de mes deux yeux
    »Envain je fais uſage ,
»J'en vois trop peu pour être heureux ,
    »Et trop pour reſter ſage.
Colas dit , & l'amour malin
    Rompant la balançoire ,
Roſine en tombant montre en plein
    Et l'ébene & l'ivoire.

Du chêne , ardent comme un brasier ,
Colas se précipite ,
Et met ses doigts sur un rosier ,
Dont la fraîcheur l'irrite :
N'y mit-il que les doigts ? holà !
Il faut de la décence.
Rosine , depuis ce jour-là ,
Jamais ne se balance ;
Et quand les filles , de ce jeu
Lui rappellent les charmes ,
Rosine leur dit avec feu ,
Mais non , sans quelques larmes :
» Ne croyez pas qu'à la santé
» Ce jeu puisse être utile ;
» Car plus le corps est agité ,
» Moins le cœur est tranquille ,
» L'honneur alors est en suspens ,
» Et si la corde casse ;
» Ce n'est jamais qu'à nos dépens
» Que l'amour nous ramasse. «

LA REMONTRANCE.

UN jour pressé d'un mal extrême ,
Je disois à celle que j'aime :
Si , rebelle aux tendres desirs ,
Par une crainte ridicule ,
Tu refuses les vrais plaisirs ,
Ta main peut au moins , sans scrupule ,
Plus complaisante à ton amant ,
Soulager un peu mon tourment.

Dois-je

Dois-je tourner ta folle envie,
Dit-elle, contre un innocent,
Et faire mourir un enfant,
Auparavant qu'il foit en vie ?
Pere Ange dit que c'eſt pécher,
Et qu'il vaudroit mieux achever.
Je répondis : belle Angélique,
Croyons le doĉteur féraphique ;
Par grace, écartez les genoux :
Ah ! mon ſalut dépend de vous.

LA PREMIERE FOIS.

L'Amour me prête encor ſes armes ;
Mais ce Dieu m'a fait éprouver,
Qu'un premier triomphe a des charmes
Qui ne peuvent ſe retrouver.
    La premiere fois que Liſette
Vint frapper mes yeux innocens,
Mon cœur ſortit de ſa cachette,
Et je ſentis naître mes ſens.
    La premiere fois que Liſette
Me laiſſa toucher deux tetons,
Dont une ardeur douce & ſecrette
Agitoit les petits boutons,
Je m'écriai dans mon ivreſſe :
» Heureux corſet de ma maîtreſſe,
» Arrête ce ſein qui veut fuir,
» Il eſt vrai que ma main le preſſe,
» Mais elle voudroit le couvrir. «
    La premiere fois que Liſette

Me dit d'être plus hafardeux ,
Mes mains deffous fa chemifette ,
Regrettoient de n'être que deux ;
Et lorfque la plus vagabonde
Eut trouvé deux globes par-là ,
Je n'aurois pas lâché cela
Pour découvrir le nouveau monde.

En un mot , la premiere fois
Que Lifette combla ma flâme ,
Je fentis jufqu'au bout des doigts
Son ame s'unir à mon ame...
Ici mon pinceau refte court.
Tous les auteurs jufqu'à ce jour
Ont parlé du prix de Cythere :
Le moyen de peindre l'amour !
On ne fauroit plus que le faire.

LE ROI BOIT.

Cinq clercs un jour ayant pleine efcarcelle ,
Firent les rois , munis d'une pucelle ,
Quoique comptant déjà prefque quinze ans.
Or , dans le tems qu'étoient impatiens
De faire un roi , l'un d'eux prit la novice ,
Lui mit la feve en ce lieu fi vanté ,
Dont un enfant ignore l'exercice ,
Dont grandelette entend l'utilité ,
Et dont vieillotte en regrette l'ufage.
Tu feras roi , dit-il d'un grave ton.
Notre électeur , pour achever l'ouvrage ,
Du Dieu Priape y planta le bourdon.

Ce sceptre-ci t'est encor néceffaire,
Dit-il. L'enfant galamment le reçoit;
Si que fentant finir le doux myftere,
En fe pâmant, s'écrie, ah! le roi boit.

L'AVEUGLE EN PRIERE.

UN jour, auprès d'un aveugle en priere,
Au coin d'un bois, Jean du matin placé,
Mit bas Alix, petite chambriere,
Et l'exploita fur le bord d'un foffé.
L'aveugle écoute, & d'un ton plus hauffé,
Va marmotant l'*Ave* de Notre-Dame.
Ah! je me meurs, dit Alix qui fe pâme;
Moi, reprit Jean, jà je fuis trépaffé.
L'aveugle dit, Dieu veuille avoir votre ame,

Et requiefcat in pace.

LA GAGEURE.

GAGE un écu, je mets le double,
Que tu ne me dis pas pourquoi
Toutes les femmes pissent trouble,
Disoit au médecin du roi
Une dame alerte & gaillarde.
Le disciple de Galien
Avec surprise la regarde,
Et ne pouvoit répondre rien.
Va, ne cherche point, c'est folie,
Mais apprends de moi le secret :
Tonneau percé près de la lie
Ne donne pas du vin clairet.

L'ART DÉPLACÉ.

UN jour à certaine comere,
Alix, en montrant sa maison,
Disoit, vous le voyez, ma chere,
Tout seroit de bonne façon,
Sans l'escalier que le maçon
A fait trop roide, dont j'enrage;
N'êtes-vous pas de mon avis ?
Oui, dit l'autre, & c'est grand dommage
Que ce maçon n'ait fait des vits.

LE GUÉRISSEUR

DE JAUNISSE.

UN égrillard de baffe Normandie,
Madré plaideur, mais friand de tendrons,
Vit au palais fillette en maladie.
A la guérir, dit-il, point ne perdrons.
Ce mal toujours fut figne de fageffe :
(C'étoit celui qui pâlit la jeuneffe.)
Ainfi raifonne, & , fur ce, l'accofta.
L'Agnès d'abord abaiffa la paupiere,
Et même au front le rouge lui monta.
Notre galant, pour entrer en matiere,
Sur fes attraits nafonna tendrement
Quelque fadeur tournée en compliment.
De-là, paffant à fa pâleur extrême, -
Plaint la pucelle , & d'un ton plus difcret ,
Lui dit avoir un merveilleux fecret,
Dont il promet que fa vertu fuprême
Doit fur fon teint répandre un incarnat
Bien plus brillant que celui de la rofe.
Que je voudrois, hélas ! qu'on m'en donnât ,
Quelque petite enfin qu'en fût la dofe !
Très-bien faurois, dit-elle, affurément
Récompenfer un auffi grand fervice.
Point ne faillit la belle à fon ferment :
Car en ufant de l'art du bas Normand ,
La jeune Agnès guérit de la jauniffe :
Son médecin gagna la rime en *iffe*.

AVENTURE

DE M. DAVEJAN.

DAVEJAN conduisant sa troupe,
Entendoit les menus propos
De six gaillards marchant en groupe,
Qui contoient leurs joyeux travaux.
Neuf, dix, passoient pour bagatelle,
Lorsqu'un sur quatorze jura.
Corbleu ! tu nous la bailles belle ;
Camarade, qui te croira ?
Qui me croira ? Jarni, mon ame !
Le diable m'arrache les dents,
Ou me change en sexe de femme,
Si d'un seul ïota je mens.
Fi donc ! j'en appelle à vous-mêmes,
Leur dit Davejan stupéfait :
N'est-il pas assez de blasphêmes,
Sans celui que ce coquin fait ?

LES COMPLIMENS.

Paul à Paris, chez fon maître logé,
D'aller à Rheims voir fa femme eut congé.
A fon départ, deux de fes camarades :
Nos complimens, Paul, à votre moitié,
Lui dirent-ils, &, pour notre amitié,
En arrivant, la nuit deux embraffades.
Ainfi fut dit, ainfi Paul le promit,
Et fans tarder en chemin il fe mit.
Dès qu'il arrive, à fa femme il raconte
Les complimens de fes deux bons amis,
Et la nuit même, en homme de bon compte,
Il fatisfait à ce qu'il a promis,
Puis fe repofe. Elle mal endormie :
Mon cœur, dit-elle au bout de quelque tems,
N'avez-vous point pour amis d'autres gens
Chez votre maître ? Oui, fans doute, ma mie,
Tout fommeillant, lui répond fon époux;
Mais je n'ai d'eux nul compliment pour vous.

LES SOULIERS.

MARGOT feignoit d'être de fête ,
Afin de tromper son balourd ;
Et fit tant , par humble requête ,
Qu'elle eut des souliers de velours.
Mais tandis qu'il va par la ville ,
Elle fait venir son valet ,
Qui vous l'empoigne , vous l'enfile ,
Ainsi qu'un grain de chapelet.
Son cou des jambes il accolle.
Cependant qu'au branle du....
Ses pieds passoient la cabriole ,
Voici revenir son cocu.
Alors il cria de la sorte ,
Voyant ce nouveau passe-tems :
Si tu vas toujours de la sorte ,
Tes souliers dureront long-tems.

LE CHICOT.

EN voyageant dans l'ifle de Cythere,
Deux pélerins, dans la verte faifon,
Au Dieu d'amour difoient mainte oraifon,
Quand à leurs yeux s'offrit une grand'mere,
Qui chez Cypris avoit eu quelque nom.
Çà, dit l'un d'eux, dégaînant l'alumelle,
Gageons, ami, qu'à cette haridelle
Je pouffe encor la botte autant de fois
Qu'elle a de dents. On n'en trouva que trois,
Et l'efcrimeur dont la lame étoit fûre,
Fournit le compte & gagna la gageure.
Il s'en alloit, quand l'arrêtant d'un mot :
Mon bon monfieur, dit la vieille harpie,
Vous avez fait fur mon corps œuvre pie ;
Mais dans le coin il me refte un chicot.

LA VIVANDIERE.

LA femme d'un cavalier ,
  Vivandier ,
Par les hussards pillée , & sa charrette prise ,
 Revenoit au camp en chemise.
 Comment ! morbleu , dit le mari ,
Tu n'as donc rien sauvé ? nous voilà sans res-
   source.
 Si fait , dit-elle , mon ami ;
 J'ai sauvé la tasse & la bourse.
 A ce discours le maître radouci :
 La bourse ? où l'as-tu donc cachée ?
 Où vous savez , dit-elle ; la voici.
Et pourquoi , reprit-il , t'es-tu pas avisée
D'y fourrer les chevaux & la charrette aussi ?

FILON

Réduit à mettre *cinq* contre *un*,

O U

DIALOGUE

Entre FILON , MIRENE, LISETTE , CA-
TON , MAROTTE , ALISE , JANETON ,
ISABELLE.

Filon , dont la couille est plus chaude
Que l'endroit où nature accoucha du soleil,
Filon , s'imaginant qu'une femme ribaude ,
A l'aspect de son vit vermeil
En seroit aussi-tôt éprise ,
Et leveroit sa breneuse chemise ,
Gai de son vain penser , sans crédit, sans argent,
Cent fois plus que Job indigent ,
Dans un endroit où l'amour le promene
Tient ce discours à la jeune Mirene.

FILON.

Tu me l'avois toujours promis
Que je te trousserois la cotte ,
Que sur ta gente double motte ,
Etant la fleur de tes amis ,
Je danserois une gavote ;

Mais

Mais à préfent tu fais la fotte ,
Et ce bien là fe perd pour être trop remis.

M I R E N E.

J'aime à t'ouir chanter fur cette douce note.

F I L O N.

Il y faudroit auffi danfer.

M I R E N E.

L'on s'échauffe à fe trop preffer.

F I L O N.

Voilà toujours ta même botte.

M I R E N E.

C'eft-là toujours ta lire auffi.

F I L O N.

Pourquoi donc me promettre ainfi ,
Si tu n'as pas deffein de rire.

M I R E N E.

Oh , oh , par ma foi , je t'admire;
Mais à Dieu, je te laiffe ici.

F I L O N.

La pefte foit de la carogne ;
Tous les jours elle me promet
De me donner de la befogne,
Et jamais elle ne permet

Que, ventre à ventre, trogne à trogne,
Amoureusement je la cogne
Ainsi qu'apparemment la gueuse s'y soumet.
Il faut pourtant que je dérouille
Ma grande & savoureuse andouille,
Ou bien crêver dans mes paneaux :
Je sens que mes sucrines eaux
Arrosent sans cesse ma couille,
Et que le roi des chalameaux
Est plus roide qu'une pousouille.
D'avoir recours à cinq contre un,
Ce plaisir, j'en conviens, appaise le martyre ;
Mais à tout l'univers l'usage en est commun,
Et puisque je choisis, je veux laisser le pire.
Je connois Lisette, Caton,
Marete, Alise, Janeton,
Et mille autres sans Isabelle,
Je vais leur serrer le bouton,
Et chercher leur entre-tetton,
Leur cu, leur con, & leur aisselle.
Ah ! bon, tu m'épargnes des pas ;
Qui te conduit ici, Lisette ?

L I S E T T E.

Je cherche à faire un bon repas ;
Louis est-il dans ta pochette ?

F I L O N.

Trop manger gâte les appas ;
Et ma bourse est sur ma toilette ;
Mais je te puis offrir de plus divins ébas,
Et du sucre de ma brayette.

LISETTE.

Grand merci , mon connin est las ,
Et j'aimerois mieux chopinette.

FILON.

Mais une autrefois tu l'auras.

LISETTE.

Une autrefois aussi tu baiseras Lisette.

FILON.

As-tu donc abjuré l'amour ?

LISETTE.

Je ne le connois point lorsque la faim me tue.

FILON.

Si je t'avois cinq ou six fois foutue...

LISETTE.

Si tu n'avois , Filon , point mangé de ce jour ,
Ni pris du jus de la vigne tortue ,
Tu serois plus sot qu'une grue ,
Et. . . . .

FILON.

Ne cherches point de détour
Si tu ne veux être battue.

LISETTE.

Qui ne te connoîtroit, tu pourrois l'étonner,
Tu contrefais des mieux l'attacheur redoutable ;
Mais j'apperçois Caton, elle est plus charitable ;
Vois si gratuitement tu pourras l'enconner,
Et cependant j'irai dîner
Si le destin m'est favorable.

CATON.

De quoi vous entreteniez-vous ?
Tu me parois tout en colere.

FIFON.

Tu peux bien deviner quelle étoit notre affaire
Et le sujet de mon couroux.

CATON.

Cherchois-tu peut-être à lui plaire ?

FILON.

Ton cœur en seroit-il jaloux ?

CATON.

Quoi donc ! belle demande à faire !

FILON.

Je t'en aime mieux par ma foi.
Mais discourons un peu ; Caton, quand je te vois,
Sais-tu bien que ma flûte bande ?

CATON.

Et que voudroit-elle de moi?

FILON.

Je ne sais, je te le demande.

CATON.

Filon, ta flûte est-elle grande ?

FILON.

Elle a bon demi-pied de roi.

CATON.

Je suis un tant soit peu gourmande.

FILON.

Seroit-ce bien trop peu pour toi?

CATON.

Non, je borne à cette mesure
Les appétits de ma nature,
Je vais avoir bien du plaisir;
Car je suis une créature
Qui d'un semblable engin fais mon plus grand
desir.

FILON.

Approche donc, l'ardeur m'emporte,

CATON.

Il te faut modérer de forte
Qu'il ne te faille pas tenir.

FILON.

Où ce difcours veut-il venir ?

CATON.

Un mal de cœur me prend ; ah ! Filon, je fuis
morte.

FILON.

Ah ! mon plaifir, qu'allez-vous devenir ?

CATON.

Pour me faire tôt revenir
Mets dans ma main une piftole ;
Quand ce mal-là me prend, l'or feul me peut
guérir.

FILON.

Je penfe ma foi qu'elle eft folle ;
N'importe, je l'éprouverois :
Mais à préfent je ne faurois,
Puifque je n'ai pas une obole.

CATON.

Filon, la vilaine parole !

F I L O N.

Priape t'en confolera ;
Caton, mettons-nous en poſture.

C A T O N.

Je n'en ferai rien, je te jure,
Tant que ce mal me durera.

F I L O N.

Morbleu, vilaine, il t'en cuira.

C A T O N.

Adieu, prends pour toi cette injure.

M A R O T E.

J'ai tout oui votre entretien ;
Caton eſt un peu dégoûtée
De refuſer une foutée ;
Que ne m'offre-t-on un tel bien !

F I L O N.

Ma voix ſeroit-elle écoutée ;
Ah ! quel bonheur ſeroit le mien.

M A R O T E.

Ton amour eſt de moi tellement defirée,
Que ſi je ne t'aimois mon cœur n'aimeroit rien ;
Je chéris ta vue azurée,
Ta petite bouche dorée,
Ton tein de lis & de jaſmin,
J'idolâtre ta belle main

Et les attraits divins dont ta taille eſt parée.

F I L O N.

Un pareil diſcours me ravit ,
Mon cœur en treſſaillit de joie ,
Il embraſe ardemment mon foie
Et dreſſe mon vigoureux vit ;
Vois ſi jamais ton œil en vit
Un qui plus de beauté déploie ?

M A R O T E.

Il en faut demeurer d'accord ,
C'eſt un mas digne de mon bord ;
Sa tête d'écreviſſe cuite ,
Son corps de ſatin blanc , ni barbouillé ni tord ,
Ses nerfs où ſa force eſt décrite ,
Et ſon bonnet levé me donneroient le tort
S'il me faiſoit prendre la fuite.

F I L O N.

Ça leve donc ton cottillon.

M A R O T E.

Tout doucement , monſieur Filon ,

F I L O N.

Pourquoi différer le myſtere ?

M A R O T E.

Je ſuis logée à l'ordinaire.

FILON.

Il n'importe pas , je fuis prêt ,
Et vit bandé n'a point d'arrêt.

MAROTE.

Fort bien ; mais je ne fuis pas prête ,
Et j'ai d'autres chofes en tête.
Penfes-y ; je te quitte ; adieu ;
Point de ducats , point de milieu.

ALISE.

Je voulois l'éviter , mais ma foi je fuis prife.

FILON.

Soulage-moi , ma chere Alife.

ALISE.

Et , Filon , que te manque-t-il ?

FILON.

Je viens de charger mon fufil ,
Permets que fur toi je le tire.

ALISE.

J'entends peu ce que tu veux dire.

FILON.

Pirouetter fur ton nombril.

A L I S E.

Filon , je n'y faurois foufcrire ,
Je renonce à l'humain outil.

F I L O N.

Quoi ! tu ferois ainfi banqueroute à Cyprine.
Ma foi tu n'en a pas la mine.

A L I S E.

Mine ou non , j'ai fais un ferment ,
Mais ferfement de telle nature ,
Que fi je fouffrois créature
Prendre avec moi le dernier enjoumeat ,
Je confentois que la figure
Qui s'en mettroit dans la pofture
Me crêvât au même moment ,
Et fi je devenois parjure ;
Filon , que de malheurs pourun contentement.

F I L O N.

Alife , la plaifante rufe !

A L I S E.

Tu fais que jamais je n'en ufe.

F I L O N.

Que le fexe à le cœur felon !

A L I S E.

Prends patience , cher Filon !

FILON.

Mais le brillant d'une piſtole,
Ne gagneroit-il rien ſur toi ?

ALISE.

En ce cas-là , Filon , crois moi ,
Je retirerois ma parole.

FILON.

Morbleu ! je ne l'ai pas ; mais , garce , il faut
mourir ,
Ou qu'avec moi ton con bricole.

ALISE.

Réſous-toi donc à bien courir.

FILON.

Je penſe auſſi vrai qu'elle vole :
Mais je vois Janeton , & cela me conſole.

JANETON.

Contre Aliſe ainſi s'emporter !

FILON.

Je ſuis un haneton qui cherche à s'enquêter ,
Et cette ingrate me rebute ;
Si faut-il pourtant en tâter ,

J'enrage que je ne culbute ;
Me voudrois-tu, toi, contenter ?

JANETON.

Si je te refusois je serois bien injuste ;
Mais ne saurois-tu me prêter
Quatre fois la valeur d'un juste ?

FILON.

Foutons, & puis après j'irai les emprunter :
Car je n'ai pas un denier dans ma bourse.

JANETON.

Faisons donc, tous les deux une petite course,
Toi chercher de l'argent, & moi dans un endroit
Où certain galant qui va droit
Veut m'entretenir un quart-d'heure ;
Il en est si pressé, que je crains qu'il n'en meure ;
Tu n'as pas ce qu'il me faudroit,
Mon con est de réclame où l'argent est son leure.

FILON.

Mon vit est si fâché que je sens qu'il en pleure.
Mais courage, je ne perds rien ,
Si je puis réduire Isabelle ;
Je l'apperçois, elle est gaillarde & belle.

ISABELLE.

Dis de plus qu'elle sent son bien,
Qu'elle te fut toujours fidelle ,

Et

Et que ton plaisir est le sien ;
Après cela que veux-tu d'elle ?

F I L O N.

Trois coups de cu tant seulement,
Ce sera fait dans un moment ;
Exauce la voix qui t'appelle.

I S A B E L L E.

Lisette m'a dit qu'avec toi,
Elle avoit tantôt eu querelle,
Tu m'entends, Filon, que je crois ;
Va donc remplir ton escarcelle,
Et reviens jouer avec moi.

F I L O N.

O les désobligeantes filles ;
Ce n'est donc plus l'amour des quilles
Qui leur ouvre aujourd'hui le cu ?
En vain mon vit & mes deux billes
Veulent un jeu qui leur est dû,
Puisque je n'ai pas un écu
Tous mes discours sont des vétilles.
    Je me ressouviens d'avoir lu
Qu'avant qu'en l'Univers la charité fut morte,
Les belles cœur pour cœur se donnoient aux
humains ;
Mais il faut maintenant de l'argent dans les
mains,
Ou bien l'on ne fout que la porte.

H

Ça je brante donc le houfas,
J'en fis leçon dans Pefenas,
La dépenfe n'en eft pas grande,
Je n'ai qu'à cracher dans ma main
Et penfer à quelque galande ;
Mais c'en eft fait jufqu'à demain.

LES DEUX

N'EN FONT QU'UN.

Lise nâquit dans la province
De parens dont le revenu,
Par malheur, étoit un peu mince.
Lise sous un air ingénu
Cachoit une ame véhémente,
Un vif penchant pour les plaisirs,
Un cœur agité de desirs;
D'ailleurs elle étoit ravissante,
Bien faite, & blonde sans fadeur,
Beau sourcils bruns, bouche mignone,
Grands yeux bleus, & plein de douceur,
Teint de rose, œillade friponne,
Cou d'albâtre, tettons pommés,
Bien ronds, bien fermes, bien placés;
Bras d'ivoire, main potelée,
Taille svelte, démarche aisée,
Jambe fine, le pied furtif,
Enfin belle au superlatif,
Et faite pour être adorée.
Jeune fille avec tant d'appas
Peut-elle rester ignorée ?
C'est ce qu'on ne soupçonne pas ;
C'étoit pourtant le sort de Lise.
En province on a la bêtise
De tenir aux vieux préjugés ;
Les jeunes gens sont obligés

H 2

De se conformer à l'usage ;
On veut qu'une fille soit sage
Et sur-tout qu'elle ait des écus ,
Sinon ses charmes sont perdus ;
Lise n'étoit pas une bête ,
Et savoit ce qu'elle valoit:
Elle se fourre dans la tête ,
Que si dans Paris elle alloit ,
Tout le monde lui feroit fête ;
Et sans confier son secret ,
Elle fait son petit paquet ,
Et marche vers la capitale.
Tandis que la fille détale ,
Les parens font grande rumeur ,
S'imaginent qu'un ravisseur
A suborné cette novice.
Ils vont se plaindre à la justice ;
Mais comme ils n'avoient point d'argent ,
A la requête on mit *néant,*
Et voilà la fille perdue......
Pendant ce tems , lasse & recrue ,
Enfin elle arrive à Paris ,
Et va loger dans un taudis ,
Chez une matrone obligeante ,
Qu'en arrivant elle trouva ,
Et qui volontiers se chargea
De lui servir de gouvernante.
--- D'où venez-vous , ma belle enfant ?
--- De bien loin. --- Vous êtes brisée.
--- Hélas ! oui. --- Que j'en suis touchée.
Venez dans mon appartement ;
A Paris que venez-vous faire ?
--- Ma fortune, si je le puis.

--- Allez , je réponds de l'affaire.
--- Mais je voudrois d'autres habits....
--- Non pas , s'il vous plaît , au contraire;
Ceux-ci vous en feront gagner :
Gardez-vous bien de les changer.
--- Aurai-je bien de la fatigue ?
--- Non ; il ne faut que de l'intrigue ;
Pour du travail , il n'en faut point.
Lise suivit de point en point
Les leçons de sa bienfaitrice ;
Et par un adroit exercice
De la mine , des yeux , des mains ,
Devint la perle des putains.
L'or , les bijoux pleuvoient chez elle.
Enfin notre aimable pucelle
Sachant mettre à profit le tems ,
Et faire valoir ses coquilles ,
Se trouva dans moins de trois ans
Avoir plus de cent mille francs:
Modele à suivre pour les filles.
Lise pourtant avoit joui ;
Mais elle avoit mis tant d'adresse
Dans le choix de son bon ami ,
Qu'elle ne dépensoit pour lui
Que des feux & de la tendresse.
Aimant son plaisir & l'argent ,
Alliant à l'économie
Sa lubrique philosophie ,
Elle jouoit le sentiment ,
Baisoit , & faisoit sa fortune.
Cette conduite peu commune
Fixa sur elle les regards
D'un des plus antiques paillards ;

Vieux garçon, riche, aimant la vie,
Qui se mit dans la fantaisie
D'épouser Lise tout de bon.
Elle saisit la balle au bond,
Et voilà Lise honnête femme.
Le barbon voulant à madame
Rendre les devoirs de mari,
Et croyant mettre son outil
Dedans l'amoureuse cachette,
Le fourre dans le trou qui pette.
--- Eh bien, monsieur, que faites-vous ?
Un mari ! --- Maman, je te fous.
Comment, par-là ? quelle sottise !
Vous n'avez pas le sens commun.
--- Ah ! dit-il, voyant sa méprise,
Excusez, les deux n'en font qu'un.

LE SAVETIER.

UN savetier, que nous nommerons Blaise,
Prit belle femme, & fut très-avisé.
Les bonnes gens qui n'étoient à leur aise,
S'en vont prier un marchand peu rusé,
Qu'il leur prêtât, dessous bonne promesse,
Mi-muid de grain ; ce que le marchand fait.
Le terme échu, ce créancier les presse ;
Dieu sait pourquoi : le galant, en effet,
Crut que par-là baiseroit la commere.
Vous avez trop de quoi me satisfaire,
(Ce lui dit-il) & sans débourser rien ;
Accordez-moi ce que vous savez bien.

Je songerai , répond-elle , à la chose.
Puis vient trouver Blaise tout aussi-tôt ,
L'avertissant de ce qu'on lui propose.
Blaise lui dit : Parbleu , femme , il nous faut
Sans coup férir , rattraper notre somme.
Tout de ce pas allez dire à cet homme
Qu'il peut venir , & que je n'y suis point.
Je veux ici me cacher tout à point.
Avant le coup demandez la cédule.
De la donner je ne crois qu'il recule :
Puis tousserez , afin de m'avertir ,
Mais haut & clair , & plutôt deux fois qu'une.
Lors de mon coin vous me verrez sortir
Incontinent , de crainte de fortune.
Ainsi fut dit , ainsi s'exécuta ;
Dont le mari puis après se vanta ;
Si que chacun glosoit sur ce mystere.
Mieux eût valu tousser après l'affaire ,
(Dit à la belle un des plus gros bourgeois)
Vous eussiez eu votre compte tous trois.
N'y manquez plus , sauf après de se taire.
Mais qu'en est-il , or ça , belle , entre nous ?
Elle répond : Ah , monsieur croyez-vous
Que nous ayons tant d'esprit que vos dames ?
(Notez qu'illec avec deux autres femmes
Du gros bourgeois l'épouse étoit aussi)
Je pense bien , continua la belle ,
Qu'en pareil cas madame en use ainsi :
Mais quoi , chacun n'est pas si sage qu'elle.

L'AMOUR FUGITIF.

Vénus avoit perdu son fils ;
Triste , plaintive & vagabonde ,
Elle remplissoit de ses cris
Cythere & le reste du monde.
A-t-il paru sur ces côteaux ,
Ce Dieu plus inconstant que l'onde ?
Auroit-il fui sous ces roseaux ,
Ou dans cette grotte profonde ?
Vous , habitans de ce vallon ,
Parlez , si mon chagrin vous touche ;
Quiconque aura vu Cupidon ,
Aura deux baisers de ma bouche;
Qui pourra le rendre à Vénus ,
Aura quelque chose de plus.
Divers signe le font connoître :
Son teint est de pur incarnat ,
Son œil rempli d'un vif éclat ,
Son parler doux , mais son cœur traître.
Ne croyez point cet enchanteur ,
Il vous bercera d'un vain songe ;
Tout ce qu'il vous dit n'est qu'erreur ,
Ce qu'il vous promet que mensonge.
Sa chevelure va flottant ,
Son front est pétri d'impudence ,
Ses mains sont celles d'un enfant ;
Mais qui soutiendra leur puissance ?
Ces mêmes mains ont mis aux fers
Le ciel , la terre & les enfers.
Il est nud , mais couvert de feinte :

Tel que l'abeille au fein des fleurs ,
Amour vole dans tous les cœurs ,
Mais il y laiffe fon atteinte.
Il porte fans ceffe en fa main
Un arc , appui de fon empire :
Un arc , hélas ! qui toujours tire ,
Et qui jamais ne tire en vain.
Caché fous l'ombre de fes aîles ,
De fon dos defcend fon carquois ,
Dont le ciel même craint les *droits* ,
Et dont les fleches trop cruelles ,
M'ont mille fois mife aux abois.
Tous fes traits font teints d'amertume ,
Tout ce qu'il touche eft enflammé :
D'une étincelle qu'il allume ,
L'aftre du jour eft confumé.
Si vous tombez à fa rencontre
Affurez-vous-en fans pitié ;
Et quelqu'amitié qu'il vous montre ,
Amenez-le moi bien lié.
Qu'il fe lamente ou qu'il foupire ,
Ne vous en laiffez point toucher.
Toujours fa plus tendre careffe
Sert de voile au plus noir deffein ;
Ses larmes ne font qu'une adreffe
Son plus doux baifer qu'un venin.
S'il vous dit : *prends ceci pour gage* ,
Défiez-vous de ce langage ,
C'eft encore un piege d'amour :
Il ne fortiroit d'efclavage
Que pour vous y mettre à fon tour.

LES DÉVIRGINEURS.

VErs ces beaux lieux, que l'Oife fertilife,
Où, loin de nous, regne encor la franchife,
Séjour heureux, & dont les habitans
Sont fort têtus, mais fort honnêtes gens !
Dans leur Châtel vivoient jadis trois freres,
Jeunes tous trois, tous trois bien infolens,
Et de propos ne s'embarraffant gueres.
On refpectoit leur richeffe & leur nom ;
Si l'on ofoit hafarder quelque plainte,
Ils menaçoient au défaut de la crainte,
Leur or brilloit, l'or a toujours raifon ;
Et, chaque jour, augmentant leur enceinte,
Ces bons feigneurs ravageoient le canton.

Chaque matin, leur meute meurtriere
Se répandoit dans les bois, dans les champs,
Donnoit l'alarme à la province entiere,
Et renverfoit les bleds encore naiffans.
Le laboureur fuyoit dans fa chaumiere,
Et fur fon dos emportoit fes enfans.

Ce n'étoit rien : vrais fléaux des familles,
A travers prés, dans leur emportement,
Ils s'en alloient donnant la chaffe aux filles,
Qu'ils violoient impitoyablement.
Rien ne pouvoit laffer leur convoitife :
On les nommoit les trois Dévirgineurs :
De douze à vingt, tout étoit à leur guife :

Sous une faulx ainſi tombent les fleurs.
Au coin d'un bois , le long d'une garenne ,
Ils vous happoient un tendron effrayé :
Ils violoient en chambre , comme en plaine :
De l'innocence ils n'avoient point pitié.
Les malheureux ! tremblante , déſolée ,
La Picardie étoit dépucelée ;
Chacun trembloit : maintes meres en pleurs ,
Trop tard , hélas ! poſoient des ſentinelles ,
Maudiſſant bien les trois dévirgineurs ,
Et le reſpect qu'ils n'avoient que pour elles ;
Car c'étoit là le comble des horreurs.
Manquant de proie , à la fin , nos Alcides
Se repoſoient ; même il couroit un bruit ,
Que de tels faits leur cœur étoit contrit.
Filles d'aller , & d'être moins timides :
Très-aiſément la beauté s'enhardit.

Dans les débris de tant de pucelages ,
Tous enlevés avec indignité ,
Comme une roſe , échappée aux orages ,
Intact , encore , un ſeul étoit reſté.
Ce pucelage étoit celui d'Annette :
Annette étoit la niece d'un curé ,
Qui , tout en Dieu , vivant très-retiré ,
La déroboit à la vue indiſcrette
De tout pécheur , de deſirs dévoré.
Notre curé deſiroit en cachette.
De ce tréſor , envié du mondain ,
Déja , dit-on , il convoitoit les charmes.
L'apôtre en vain ſe tenoit ſous les armes :
Du noir eſprit l'aiguillon clandeſtin
Le ſtimuloit : la grace étoit muette ;

La grace , enfin , laiſſoit parler Annette.
Digne d'un ſage , ou d'un prédeſtiné ,
Un ſein naiſſant , que la roſe couronne ,
Voilé toujours , & toujours ſoupçonné ,
Enfle & rougit le lin qui l'empriſonne.
Elle avoit vu fleurir ſeize printems :
Sans autre ſoin , ſa main timide & pure
Dans un jardin cueilloit ſes ornemens ;
Et ſes ſeize ans lui ſervoient de parure.
Pour un curé , ces ſimples agrémens
Naiſſoient , croiſſoient , ſous l'œil de la nature.

Notre prélat regne en maître abſolu ,
Diſpoſe , ſeul , de cette ame facile ,
Lui fait tout faire , au nom de l'évangile ,
Et ſe prépare à des plaiſirs d'Elu.
S'il eſt malade , il eſt ſoigné par elle :
C'eſt pour lui ſeul qu'Annette s'embellit :
Elle le choye , en niece bien fidelle ,
Ourle ſon linge , & baſſine ſon lit.

C'étoit un ſort aſſez doux pour un prêtre :
Mais Dieu , par fois , veut éprouver ſes ſaints ,
Se ſert de tout , pour leur faire connoître
Et ſon pouvoir & ſes vaſtes deſſeins.

Il étoit fête au plus prochain village ,
Fête célebre ; on danſoit tout le jour.
Dans le canton c'étoit un vieil uſage ;
Sans doute auſſi , l'on ſe faiſoit l'amour ;
Et pour cela les filles d'alentour
Se raſſembloient ſous un antique ombrage.

Annette

Annette fent battre fon jeune cœur,
Dès qu'elle voit approcher la journée ,
Aux jeux d'amour , aux danfes , deftinée ,
Et va trouver fon oncle avec frayeur.
L'oncle bénin fourit & la raffure :
Un tel début paroît d'un bon augure.
Annette , alors du prélat prend la main ;
Adroitement on le flatte , on l'embraffe :
En l'embraffant , on demande la grace
D'aller danfer dans le hameau voifin.
Notre pafteur & menace & s'emporte.
Comment ! dit-il ; & les dévirgineurs !
Chaffez , chaffez ces defirs tentateurs.
Annette infifte , Annette eft la plus forte ;
S'en va toujours baifant le bon curé ,
Qui n'en peut : mais immobile , enivré ,
Il permet tout , & , dans ce trouble extrême ,
Il eft tout prêt d'aller danfer lui-même.

Voici le jour : que ce jour eft ferein !
D'un feu plus doux brillent les yeux d'Annette.
Elle choifit fon jufte gris de lin :
Près d'une eau pure elle fait fa toilette ,
En les cachant , embellit fes appas :
Elle eft parée & ne s'en doute pas.
Inceffamment Colin va la conduire.
De ce Colin crayonnons le portrait.
C'eft du curé le confident fecret.
En travaillant on le voit toujours rire :
Du presbitere il a tout le fardeau ;
Fait le jardin , va , vient , revient , s'empreffe ,
Sait manier la pioche & le rateau ;
Chante au lutrin , ou bien répond la meffe ;

I

Fauche les bleds , ou taille les bosquets ;
Et pour Annette assortit des bouquets.

Annette est prête , & monte sur son âne ,
Qui , lourdement , bondit & se pavane ,
Tout orgueilleux de porter tant d'attraits.
On part enfin : notre guide rustique
Gaîment frédonne un air faux & gothique.
Annette , aussi , sans prévoir son destin ,
Trompe , en chantant , les ennuis du chemin.
Ne craignant rien , & songeant à la fête ,
Ils cotoyoient l'épaisseur d'un taillis.
Voilà-t-il pas que nos trois étourdis
Viennent soudain troubler ce tête-à-tête.
Ah ! croyez-moi , cessez votre chanson
Vous allez bien chanter d'un autre ton ,
Lui dit Colin , vous voyez les trois freres ,
Plus que les loups , la terreur des bergeres :
Car , Dieu merci , grace à ces trois fléaux ,
Je n'avons plus ni filles ni perdreaux.

Messieurs , messieurs , elle n'est point pucelle ,
Leur cria-t-il ; sti-là n'est pas pour vous :
Alle est ma femme , & je la soutians telle ;
Alle est ma femme , envers & contre tous ;
Demandez-lui , si je mens , que je meure....
Foi de Colin. Tant mieux , à la bonne heure ,
Monsieur Colin ; mais , puisqu'il est ainsi ,
Tu parois fort ; elle est jeune , elle est belle ;
Use à l'instant de tes droits de mari :
Vîte , maraud ; pucelle ou non pucelle ,
C'est le moyen de la mettre à l'abri.

Colin balance ; & dans cette détresse ,

De son pasteur respecte encor la niece.
Lors, furieux, nos trois fiers alguasils
Sur lui tout droit braquent leurs trois fusils,
Voulant, par là, provoquer sa tendresse :
Il faut opter ; Annette ou le trépas ;.
Mais, en plein air, à l'instant, en présence
De trois témoins, prendre ainsi ses ébats,
Et défricher le champ de l'innocence !
Je ne voudrois me voir en pareil cas.
J'en connois cent ; j'en connois plus de mille ;
De nos amans les plus avantageux,
Qui trouveroient ce pas là difficile :
Fusils braqués épouvantent les jeux.
Mais tout est bon aux amours de village :
Ils sont hardis, robustes, pleins de feu,
Peu leur importe ou le tems, ou le lieu ;
Moins séduisans, ils ont plus de courage :
Notre Colin est de ces amours-là :
Bref, dans Colin la nature parla.
Son choix est fait ; il vous emporte Annette
Entre ses bras ; puis, sur l'herbe il la jette.
Puis... peignez-vous le trouble, les douleurs
D'une innocente à qui l'amour prépare
Ce rude assaut, & qui voit un babare
Tout prêt... Hélas ! je conçois ses frayeurs.
D'une voix foible, ah ! du moins, lui dit-elle,
Mon cher Colin, mon ami, fais semblant.
Oh ! ma fi, non : voyez, mademoiselle,
Ils me tueroient : le point est important :
Résignez-vous.... Le voilà qui butine
Roses & lis : au grand jour il produit
Deux pieds charmans, une jambe divine,
Cuisse, Dieu sait, & tout ce qui s'ensuit.

Il voudroit bien , en amant qui fait vivre ,
Cacher Annette aux yeux des trois coquins ,
Qui l'affailloient de leurs regards malins :
Mais le plaifir & l'égare & l'enivre.
Contre ce Dieu tous les efforts font vains ,
Il guide feul les mains du bon apôtre ;
Une voiloit ce que découvroit l'autre.
Malgré Colin , mille tréfors fecrets
D'un homme faint , douce & frêle efpérance ,
Sur la verdure étalent leurs attraits.
Aux premiers cris fuccede le filence ;
Et , pour ne point partager ces forfaits ,
Sans doute Annette a perdu connoiffance.

Et nos témoins , que font-ils devenus ?
Ils font partis , en éclatant de rire.
Pour nos amans , fans difcours fuperflus ,
Bien le favez , ils font dans le délire :
Dans ces momens , que l'on ne peut décrire ,
Leur bouche eft clofe , & leur œil ne voit plus :
L'âne , près d'eux , erre dans la prairie ,
Et les contemple avec un œil d'envie.

De leurs tranfports ils reviennent enfin.
Annette pleure , en regardant Colin.
D'aller danfer on n'a plus le courage :
Il faut , tout droit , regagner fon village.
Sans dire mot , ils cheminent tous deux.
L'une gémit , tremble , baiffe les yeux :
Comment de l'oncle affronter la préfence ?
De tems en tems , l'autre pouffe un foupir ,
Se reprochant les pleurs de l'innocence ,
Et tout honteux d'avoir eu du plaifir....

Bref , le curé découvre le myſtere.
On prévoit bien quelle fut ſa colere.
Un terme vint , qu'il fallut ſe calmer.
Il s'appaiſa pour l'honneur de ſa niece.
Il approuva leur naïve tendreſſe :
Colin aimoit ; il s'étoit fait aimer.
Le ciel de tout ſait tirer avantage :
Cet accident fit un hymen heureux ;
Sous l'œil de l'oncle ils tenoient leur ménage :
Entremêloient le travail & les jeux ;
Furent conſtans ; & , grace à l'Etre ſage ,
Par une voie inconnue à nos yeux ,
Des trois brigands leur bonheur fut l'ouvrage.

LE COCUAGE.

Jadis les gens étoient ſi fous ,
Que la crainte d'être coucous
   Leur faiſoit faire ſentinelle
Et de ſoleil & de chandelle ;
   Les maris ne dormoient jamais ,
Leur eſprit n'avoit point de paix,
   Alambiqués de la chymere
Que Jean trouve ſi néceſſaire ,
   L'un avoit ſans ceſſe les yeux
Sur l'animal malicieux ,
   Sur le ſujet de ſon martyre ,
Sa femme ; cela va ſans dire ,
   Et juſqu'en la maiſon de Dieu
Il lui ſervoit d'ombre en tout lieu.
   L'autre d'une double ſerrure

Bouchant madame sa nature ,
Ainsi que l'on fait aux jumens ,
Que l'on veut priver d'instrumens ;
Mais enfin toujours cette peine
Se trouvoit au bout de l'an vaine ;
Les femmes faisoient des enfans
A leurs peres un peu ressemblans ,
Sous une étoile de débauche ,
Sous une étoile qui chevauche
D'un général accouplement
Tous les astres du firmament ,
Sans égard & sans résistance ,
La femme reçoit la naissance ;
Dès que ses yeux voient le jour
Sa langue articule l'amour ,
Ce Dieu dans son berceau la berce
Du doux plaisir de la renverse ,
Et pour l'empêcher de crier
Lui montre un petit vit d'acier ,
Rubicond le long de l'échine
Comme une orange de la Chine.
Mais pour revenir aux maris ,
Ceux d'aujourd'hui sont bien guéris
Des sottises de leurs ancêtres ,
Dans le cocuage ils sont maîtres ,
Plus de chagrin , plus de couroux ,
Ils sont ravis d'être coucous.
Un bois de cerf est en usage ,
Et le profit du cocuage.
Rend un cocu dans sa maison
Gras & replet comme un oison.
Un con que Jeanne expose en vente
Souvent de Jean passe l'attente ,

Groffit fon petit magafin ,
Au lieu d'orge & de farafin ,
  Lui fournit & froment & feigle ;
Et comme dans un champ , un aigle
  Prétend droit d'aubeine en moiffon ,
Un cocu de cette façon
  Par la matrice de fa femme ,
Aux dépens d'un petit de blâme
  Dîme fur la bourfe d'autrui
Et devient plus riche que lui.
  Ainfi qu'un maquignon habile
A fon cheval fe rend fervile ,
  Retranche fes crins fuperflus ,
Afin que l'œil jeté deffus
  Avec plus d'ardeur le fouhaite
Et plus diligemment l'achette ,
  De même un habile cocu
Porte le rafoir fur le cu
  De la putain qui le gouverne ,
Lui fait la barbe à la moderne ,
  Et par des difcours d'intérêt
L'avertit d'être toujours prêt.
  D'être couvert à la moindre approche ,
D'un vit qui deffus fa caboche
  Porte avec foi fon fauf-conduit :
J'entends un ducat qui reluit.
  L'honneur eft une fantaifie ,
Dont la femme n'eft point faifie ,
  Et que le mortel aujourd'hui
Ne fouffre jamais avec lui.
  Martin preffé dans fon ménage
Par une famelique rage ,
  Et voyant que fon ifabeau

Se repaiſſoit d'un gros morceau
  Dont ſe déchargeoit ſa cervelle,
Lui fit une groſſe querelle,
  Et d'un ton qui la fit trembler
Et tous ſes voiſins aſſembler,
  Lui reprochoit l'autre ſemaine
Que ſa vertu faiſoit leur peine !
  Que ſi comme Aliſe & Margot
Elle remuoit le gigot,
  Il ſuffiroit de ſon ſalaire
Pour faire rouler l'ordinaire.
  La bonne Iſabeau cru Martin,
Et depuis ce n'eſt que feſtin,
  Que liqueurs dans la maiſonnée,
Et blanche farine en monnoie.
  Vous donc qui n'êtes pas cocus,
Si vous chériſſez les écus,
  Sans ſcrupule eſſayez de l'être,
Un con n'eſt pas digne de l'être,
  Quand il n'en fait pas le devoir;
Juſqu'à l'honneur de vous revoir.

L'HOMME TOUT ROND.

CE petit homme à bonne trogne,
Mais comme il eſt tout rondelet,
Je crois que celui qui l'a fait
Alloit rondement en beſogne.

SONNET.

UNE dame blamoit fa fervante accufée
D'avoir fait en jouant ce qu'on fait de là l'eau ;
Vient-ça, nomme-le moi , pauvre fille abufée,
Le méchant qui ofa chez nous faire un bordeau.
C'eft votre maréchal , madame. Ho ! la rufée ;
Combien as-tu de fois ramanché fon marteau ?
Il me le fit fix fois en filant ma fufée ,
Encore vouloit-il lever mon devanteau.
Six fois , fe dit la dame , en feroit bien fervie.
Ote-toi , ta préfence attire mon couroux ;
La laide , la fouillonne , la petite impudente ;
C'eft bien à telle gueufe à le faire fix coups ,
Je m'y pafferois bien moi qui fuis préfidente.

RAILLERIE FACÉTIEUSE.

L'Autre jour un meûnier parlant à fa fervante ,
Lui dit qu'il ne favoit où placer fon moulin.
La fille , d'une humeur agréable & plaifante ,
Repartit auffi-tôt : Mon cher maître Colin ,
    Pofez-le de belle maniere
    Entre mes cuiffes & fouvent ,
Il aura du vent par derriere
S'il n'a pas d'eau par le devant.

RONDEAU.

Je ne fuis pas de ces gens-là
Qui font cinq ou fix coups cela
Quand ils font avec une femme ?
Car pour une fois, fur mon ame,
Je le fais, & puis hola.
Une fois, une m'en parla,
Et en m'en parlant m'accolla :
Mais je lui dis parbleu, madame,
Je ne fuis pas de ces gens-là :
Incontinent elle s'en alla,
Et depuis jamais n'en parla.
Quoi ! pour affouvir une infame
Je perdrois mon vit & mon ame,
Et mourois en faifant cela ?
Je ne fuis pas de ces gens-là.

TABLE

DES PIECES

Contenues dans ce Volume.

Fin de la Table.